Claus-Peter März

Paulus

CLAUS-PETER MÄRZ

PAULUS

Sein Leben
Sein Wirken
Seine Zeit

benno

Bibliografische Information Der Deutschen Bibliothek
Die Deutsche Bibliothek verzeichnet diese Publikation
in der Deutschen Nationalbibliografie;
detaillierte bibliografische Daten sind im Internet über
http://dnb.ddb.de abrufbar.

ISBN 978-3-7462-2402-2

© St. Benno-Verlag GmbH
Stammerstr. 11
04159 Leipzig
www.st-benno.de
Umschlaggestaltung: Ulrike Vetter,
Titelbild: Hl. Paulus (Öl auf Leinwand), Batoni, Pompeo
Girolamo (1708-87)/Basildon Park, Berkshire, UK, Natio-
nal Trust Photographic Library/John Hammond/The
Bridgeman Art Library
Gesamtherstellung: Kontext, Lemsel (B)

Inhalt

Zur Einführung   7

I. Der Weg des Paulus   9
Vom Verfolger zum Verkünder

II. Paulus lesen   55
Der 1. Korintherbrief mit Erklärungen

III. Die Paulusbriefe   87
Einführung in die Briefe des Paulus
und seiner Schule

IV. Anhang   111
Karte, Zeittafel

ZUR EINFÜHRUNG

Paulus gehörte nicht zum Jüngerkreis Jesu. Er findet sich auch nicht unter den ersten Osterzeugen und in der Jerusalemer „Urgemeinde", sondern trat erst nach den Anfängen der Kirche in Erscheinung – und er kam zunächst nicht als Freund, sondern als Gegner. Er suchte – wie er später bekennt – die Gemeinde Jesu zu „vernichten". Trotz dieser ungewöhnlichen Vorgeschichte zählt ihn schon die Apostelgeschichte zu den entscheidenden Gründungsgestalten der Kirche.

Denn der Mann aus Tarsus, der einst für das Gesetz der Väter eiferte, wird durch die Begegnung mit dem auferstandenen Christus zum Botschafter des „neuen Weges". Er steht mit seiner ganzen Existenz für die Öffnung der Botschaft hin zu den „Völkern". Er reibt sich auf an der Umsetzung dieser Vision, ist rastlos unterwegs und ständig darum bemüht, dass das Heil in Jesus Christus der damals bekannten Welt verkündet werde.

So aber erscheint er uns heute, da der Glaube und die Kirchen mit Grenzüberschreitungen von bislang nie da gewesenem Ausmaß konfrontiert sind, als Anstoß und Orientierung. Denn er hat unbeirrt den Überschritt des Evangeliums in eine von fremden Kulturen und Religionen bestimmte Welt geplant, theologisch begründet und auf eindrückliche Weise umgesetzt.

Die folgende Darstellung will die bis heute ungebrochene Bedeutung des Paulus in dreifacher Weise erschließen: der erste Teil zeichnet den Weg des Paulus nach, der zweite erschließt in Auszügen den 1. Korintherbrief, der dritte geht generell auf die Paulusbriefe ein.

I.
DER WEG DES PAULUS

Wir wissen über Paulus weit mehr als über fast alle anderen Gestalten der Kirche des Anfangs. Die wichtigste Quelle sind dabei seine Briefe. Sie geben Einblick in seine Theologie, seine Hoffnungen und Planungen; sie sprechen die konkrete Missionsarbeit an, verweisen auf Misserfolge, Fehleinschätzungen und auch auf Auseinandersetzungen mit manchen Gemeinden. Der Paulus der Briefe streitet, diskutiert, reagiert auf Anfragen und äußert Missfallen, wenn das Missionsgeschehen zu halbherzig betrieben wird. Er tritt nicht als monumentale Gründungsfigur in Erscheinung, sondern als fragender, belehrender, ermahnender, kritisierender, anordnender, aber auch als sich selbst revidierender Missionar.

Manches über ihn können wir auch jenen Briefen entnehmen, die zwar unter seinem Namen stehen, aber doch erst nach seinem Tod von Schülern verfasst sind.

Schließlich haben wir die Apostelgeschichte, die die Wege der Kirche von den Anfängen in Jerusalem bis hin nach Rom darstellt. Sie widmet

sich im zweiten Teil (Kap 15-28) fast ausschließ-
lich dem Wirken des Paulus und gibt Aufschluss
über seine missionarischen Aktivitäten, seine
Missionsreisen und Gemeindegründungen. Allerdings zeichnet die Schrift am Ende des 1. Jh.
schon ein etwas verklärendes Bild der Anfänge
und muss deshalb auch immer wieder hinter-
fragt werden.

Österlicher Aufbruch der Jesusjünger

Mit Jesu Tod am Kreuz schien die Jesusbewegung an ihr Ende gekommen zu sein. Die Jünger,
die mit nach Jerusalem gezogen waren, waren
geflohen, die Jerusalemer Sympathisanten hatten sich zurückgezogen – eine neue Initiative
oder gar ein Neubeginn in Jesu Namen waren
nach menschlichem Ermessen nicht zu erwarten. Doch es gab diesen Neubeginn, und er hat
offenbar von Anfang an eine beachtliche Kraft
entwickelt. Die Berichte lassen freilich keinen
Zweifel daran, dass er nicht auf die Initiative der
Jünger, sondern allein auf Gottes Handeln zu-
rückzuführen sei: Erst die österliche Begegnung
mit dem auferstandenen Jesus bringt die Jünger

wieder zusammen. In Jerusalem beginnen sie, ihn als den zu Gott erhöhten Herrn und kommenden Richter zu bezeugen.

Nach der Apostelgeschichte war es das Pfingstfest, das viele Menschen zu einer ersten Gemeinde zusammen führte (Apg 2,1-41). Sie alle verstanden sich als Juden, die in Jesus die Erfüllung der Verheißungen Israels gekommen sahen. Täglich kamen sie im Tempel zusammen, brachen aber auch „in den Häusern" das Brot im Namen Jesu. Die Apostelgeschichte zeichnet sie als eine Gemeinschaft geschwisterlicher Liebe und starken Glaubens (Apg 2,42-47).

Apg 6,1 wird allerdings deutlich, dass die Gemeinde aus zwei Gruppierungen bestand, die keineswegs völlig konfliktlos miteinander lebten: den „Hebräern" und den „Hellenisten". Als „Hebräer" werden dabei aramäisch sprechende Juden, die aus den jüdischen Kernlanden stammen, bezeichnet; von „Hellenisten" ist im Hinblick auf griechisch sprechende Juden aus der Diaspora die Rede. Letztere haben in Jerusalem ihre eigenen Synagogen, in denen sie Gottesdienste in griechischer Sprache feiern. Eine Gruppe dieser „Hellenisten" um Stephanus hatte sich der Gemeinde der Jesusjünger angeschlossen. Sie gingen zwar weiterhin in ihre Synagogen, trafen sich aber auch mit den anderen Jesusanhängern zum Gemeindemahl in den Häusern. Apg 6,1-6 berichtet, dass dabei die Witwen dieser christlichen Hellenisten bei der täglichen Versorgung der Armen in der Gemeinde übersehen wurden. Dies führte zu Spannungen zwischen beiden Gruppen. Das Problem wurde dadurch geklärt, dass eine Gruppe der Hellenisten die Versorgung dieser Witwen übernahm.

Nach einiger Zeit wurden diese christlichen Hellenisten in der Synagoge wegen ihres Bekenntnisses zu Jesus von Nazareth als dem Messias und kommendem Richter angegriffen. Nach Apg 7 hat sich Stephanus mit ihnen auseinandergesetzt und sich zum Heil in Jesus, dem zu Gott erhöhten und zum Gericht wiederkommenden Herrn bekannt. Die Diskussion endet mit tätlichen Auseinandersetzungen, die schließlich dazu führten, dass man Stephanus in einem Akt von Lynchjustiz steinigte. Seine Freunde begruben ihn und verließen Jerusalem. Sie zogen dorthin, wo sie zu Hause waren: nach Damaskus, Antiochien, Alexandrien, Zypern, Kleinasien, Ägypten. Sie nahmen mit, was sie über Jesus gehört und in der Gemeinde von Jerusalem erlebt hatten (vgl. Apg 6,8-8,60; 11,19-26).

Saulus-Paulus:
ein hellenistischer Jude aus Tarsus

Paulus ist in Tarsus in Kilikien geboren. Er ist
wohl auch in dieser seinerzeit durchaus bedeu-
tenden Stadt auf dem Gebiet der heutigen Tür-
kei aufgewachsen (vgl. Apg 21,39; 22,3). Ob
seine Familie nur zeitweise oder generell in Tarsus lebte, lässt sich nicht mit Sicherheit ausmachen. Da aber Paulus – offenbar von seinen
Eltern her – sowohl das Bürgerrecht von Tarsus
als auch das römische Bürgerrecht besaß, wird
man von einem ständigen Wohnsitz der Familie
in der Stadt ausgehen können (Apg 16,37f;
22,25ff; 23,27).

Das ist nichts Außergewöhnliches: Schon seit
dem Exil hatten sich Juden in nichtjüdischen
Gebieten angesiedelt. Zur Zeit des Paulus lebte
nur etwa ein Drittel aller Juden in den jüdischen
Kernländern Judäa und Galiläa. Die Mehrheit
hatte ihren Wohnsitz oft schon seit mehreren
Generationen im Ausland und lebte in der Diaspora. Meist waren es wirtschaftliche Gründe, die
sie gezwungen hatten, in Länder auszuwandern,
die bessere Verdienst- und Lebensmöglichkei-
ten boten. Die meisten hatten die griechische
Sprache angenommen und sich teilweise auch

auf die Kultur der Länder, in denen sie wohnten, eingestellt. Doch sie blieben auch im neuen Umfeld der Religion ihrer Väter treu: sie hielten das Gesetz, auch wenn es den Umgang mit nichtjüdischen Mitbürgern erschwerte; sie zahlten die Tempelsteuer, bauten Synagogen und kamen zum Gottesdienst zusammen. In fast allen größeren griechisch-römischen Städten gab es zu jener Zeit jüdische Synagogen oder zumindest Gebetsstätten, in denen sich Gemeinden am Sabbat zum Gottesdienst versammelten. Auch für Tarsus zur Zeit des Paulus sind Synagogen bezeugt.

Der Gottesdienst in der Diaspora kannte keine Opfer, wie der Jerusalemer Tempelkult, sondern bestand aus Gebeten, Schriftlesungen und deren Auslegung. Man bediente sich dabei der griechischen Sprache.

Diese Gottesdienste zogen auch Nichtjuden an. Manche von ihnen verstanden sich lediglich als Sympathisanten und blieben in einer gewissen Distanz: man nannte sie die „Gottesfürchtigen" (griechisch: Foboumenoi). Andere nahmen die Religion der Juden an und ließen sich beschneiden: sie wurden die „Hinzugekommenen" (griechisch: Proselyten) genannt.

In diesem Umfeld ist Paulus aufgewachsen: im Spannungsfeld unterschiedlicher Kulturen und

Religionen, vertraut mit griechischer Sprache, Kultur und Philosophie. Seine Briefe verraten, dass er Griechisch sprach. Auch das Alte Testament zitiert er nach der in den Synagogen gebräuchlichen griechischen Übersetzung. Wie viele Diasporajuden hat er einen jüdischen und einen diesem ähnlichen griechischen Namen: „Saulus" und „Paulus". Er ist freilich niemals auf eine fraglose Anpassung an den griechischen Lebensstil aus gewesen. Vielmehr stellt er mit Genugtuung heraus, dass er aus einer auf jüdische Traditionen achtenden Familie aus dem Stamme Benjamin hervorgegangen und nach der Vorgabe des Gesetzes am achten Tag nach seiner Geburt beschnitten worden sei – „ein Hebräer von Hebräern" (Phil 3,5).

Wann und aus welchen Gründen er nach Palästina kommt, ob Teile seiner Familie da angesiedelt waren (vgl. Apg 23,16), er möglicherweise in Jerusalem bei dem berühmten Rabbi Gamaliel das Gesetz studiert hat (Apg 22,3) und ob er schon in Jerusalem gegen die Christen vorgegangen ist (Apg 8,3), lässt sich nicht mehr eindeutig erheben. Die Hinweise finden sich nur in der Apostelgeschichte. In Phil 3,5 aber, wo er selbst seine jüdische Identität beschreibt, findet sich lediglich der offene Hinweis, er sei „nach dem Gesetz ein Pharisäer, nach dem Eifer ein

Verfolger der Kirche gewesen". Von einem frü-
heren Jerusalemaufenthalt, einem Studium bei
Gamaliel und einer „Verfolgung" der Christen
schon in Jerusalem ist in den Briefen nicht die
Rede.

Vom Verfolger zum Verkünder

Paulus trifft in Syrien auf Vertreter „des neuen
Weges" (Apg 9,2). Es handelt sich dabei wohl um
eine Gruppe jener versprengten Hellenisten, die
nach der Steinigung des Stephanus aus Jerusalem geflohen waren. Wie in Jerusalem hielten sie
sich zur Synagogengemeinde und nahmen am
Gottesdienst teil, sahen aber die Verheißungen
Israels in dem zu Gott erhöhten Jesus erfüllt.
Paulus wendet sich offenbar deshalb gegen diese Gruppe, weil sie nicht das Gesetz, sondern
den erhöhten Jesus ins Zentrum ihres Bekenntnisses gestellt hatten. Er selbst sah im Gesetz
keine drückende Last, sondern das Geschenk
Gottes – den Vorzug, der Israel abhob von den
übrigen Völkern. Den Juden, die dieses Zeichen
der Erwählung missachteten, sprach er das
Recht ab, weiterhin zur Synagoge zu gehören.

Später schreibt er selbst über diese Zeit, er habe die Kirche Gottes verfolgt und versucht, sie zu vernichten. Er erwähnt freilich keinen Ort (Gal 1,13; Phil 3,6). Im Hinblick auf die weitere Entwicklung liegt es nahe, an Damaskus zu denken (vgl. auch Apg 9).

Die Apostelgeschichte spricht – anders als die Paulusbriefe – von einer offiziellen durch die Hohenpriester sanktionierten Aktion, die darauf abzielte, dass er „die Anhänger des neuen Weges, Männer und Frauen, wenn er sie fände, gefesselt nach Jerusalem führe" (Apg 9,2). Hier erzählt die Apostelgeschichte etwas frei. Denn die Hohenpriester in Jerusalem hatten keine Weisungsvollmacht über die Synagogen in der Diaspora und waren nicht ermächtigt, Verhaftungen in Damaskus anzuordnen. Zwar praktizierten die Synagogen eine Art interner Rechtsprechung und konnten etwa für einzelne Mitglieder Bußübungen, Geldzahlungen, Geißelung oder den Ausschluss aus der Synagoge anordnen. Sie hatten aber keine öffentliche Gerichtsbarkeit und deshalb auch nicht die Vollmacht, Menschen in Gewahrsam zu nehmen und nach Jerusalem zu verbringen. Die Aktionen des Paulus gegen die „Anhänger des neuen Weges" haben sich deshalb im Rahmen der internen synagogalen Rechtsprechung vollzogen: Allem

Anschein nach betrieb er bei den Synagogen-
vorständen den Ausschluss der Jesusjünger aus
der Synagogengemeinde. Das hatte für die Be-
troffenen durchaus einschneidende Konsequenzen. Denn Vereine, Kultgruppen und ähnliche
Zusammenschlüsse bedeuteten in der antiken
Welt Beheimatung, Unterstützung und Siche-
rung. Ein Ausschluss aus der Synagogengemeinde brachte den Verlust vieler lebenswichti-
ger Kontakte und Verbindungen mit sich.

Warum aber ging Paulus überhaupt gegen die
„Glieder des neuen Weges" vor? Entscheidend
dürfte sein pharisäisches Verständnis des Gesetzes gewesen sein. Er sah im Gesetz das Geschenk Gottes an Israel – den Vorzug, der das
Volk der Erwählung abhob von den übrigen Völkern und ihm die Möglichkeit des rechten Lebens vor Gott eröffnete. Der „neue Weg", der
sich auf Jesus berief und an die Stelle des Gesetzes die Zusage des Auferstandenen stellte,
erschien ihm als eine Missachtung der Weisung
Gottes.

Im Umfeld dieser Aktionen geschieht jene uner-
wartete „Wende" des Paulus: Der entschiedene
Verfolger der Kirche wird zu einem ebenso ent-
schiedenen Verfechter des Glaubens an den
Herrn Jesus Christus.

Paulus selbst bringt dieses Geschehen in seinen

Briefen nur wenige Male zur Sprache und äußert sich dann auch sehr verhalten (1 Kor 9,1; 15,8; 2 Kor 4,6; Gal 1,12-16; Phil 3,4b-11). Immerhin spricht er in 1Kor 9,1 vom „Sehen" des Herrn, das ihn zum Apostel machte. In 1 Kor 15,3-8 reiht er sich unter die Osterzeugen ein – zwar an letzter Stelle, weil er die Kirche Jesu Christi verfolgt hat, aber eben doch als einen, der durch die Ostererscheinung zum Apostel geworden ist. Phil 3,7-9a verweist auf die Radikalität jener mit dem Damaskusgeschehen verbundenen Wende, die sein gesamtes Leben von Grund auf verändert hat: „... was mir damals Gewinn war, das habe ich um Christi willen als Verlust erkannt. Ja mehr noch: ich sehe alles als Verlust an, weil die Erkenntnis Christi Jesu, meines Herrn, alles übertrifft. Seinetwegen habe ich alles aufgegeben und halte es für Unrat, um Christus zu gewinnen und in ihm zu sein."

In Damaskus ist Paulus offensichtlich getauft worden (Apg 9,18) und hat in diesem Zusammenhang wohl auch Unterweisungen erhalten, die ihn mit der Verkündigung Jesu und den Traditionen der Gemeinde vertraut gemacht haben. Bald aber verlässt Paulus Damaskus. Gal 1,17 hält ausdrücklich fest, dass er nicht nach Jerusalem reiste, „zu denen, die vor mir Apostel waren, sondern (ich) zog nach Arabien und kehrte dann wieder nach Damaskus zurück." Genaueres über diese erste Mission des Paulus wissen wir nicht. Allem Anschein nach musste er fliehen, weil seine Verkündigung zu Aufbegehren und Widerstand geführt hatte. Der König des Nabatäerreiches verlangte über seinen Bevollmächtigten in Damaskus die Auslieferung des Paulus. In 2 Kor 11,32f vermerkt der Apostel später: „In Damaskus ließ der Statthalter des Königs Aretas die Stadt der Damaszener bewachen, um meiner habhaft zu werden; doch ich wurde durch ein Fenster in einem Korb über die Mauer hinab gelassen und entkam so ihren Händen" (2 Kor 11,32f – vgl. mit anderem Akzent auch Apg 9,23-25).

Erst drei Jahre nach dem Damaskusgeschehen reist Paulus nach Jerusalem, um Petrus kennen zu lernen, hat aber offensichtlich kaum nähere Kontakte mit der Gemeinde gehabt. In Gal 1,18-20 heißt es: „Drei Jahre später ging ich nach Jerusalem hinauf, um Kephas kennen zu lernen, und blieb fünfzehn Tage bei ihm. Von den anderen Aposteln habe ich keinen gesehen, nur Jakobus, den Bruder des Herrn. Was ich euch hier schreibe – Gott weiß, dass ich nicht lüge. Danach ging ich in das Gebiet von Syrien und Kilikien." Die knappe Notiz vermerkt den Besuch in Jerusalem, misst ihm aber keine überragende

Bedeutung zu. Paulus will wohl für die Gemeinden in Galatien mit diesen Hinweisen verdeutlichen, dass er unmittelbar durch Christus zum Apostel eingesetzt worden ist und deshalb den Jerusalemer Autoritäten nicht untergeordnet ist. Sein Besuch in Jerusalem dient lediglich dem Kennenlernen und dem Austausch.

Nach dem Besuch in Jerusalem geht Paulus in das Gebiet von Syrien und Kilikien. Dies zeigt an, dass er zunächst nach Tarsus (Kilikien) zieht und später durch Barnabas in die Gemeinde von Antiochien geholt worden ist.

Anfänge der Heidenmission

Auch anderenorts war durch die „Hellenisten", die Jerusalem verließen, die Botschaft von der Auferstehung Jesu und dem Heil in seinem Namen weiter getragen worden. Die Apostelgeschichte vermerkt, dass einige bis nach Samaria, Phönizien, Zypern und nach Antiochia kamen (Apg 11,19-26).

Antiochia war seinerzeit die drittgrößte Stadt des Römischen Reiches, ein Drehkreuz zwischen dem Osten und dem Westen, ein urbanes

Zentrum, in dem sich die verschiedensten Völker, Kulturen und Religionen mischten. Es ist deshalb von einer beachtlichen jüdischen Gemeinde auszugehen, der sich auch Nichtjuden als Sympathisanten angeschlossen hatten.

Die aus Jerusalem kommenden Missionare haben ihre Botschaft in Antiochien ohne Zweifel in der Synagoge vorgetragen. Sie suchten dabei von der Schrift her zu erweisen, dass Jesus der verheißene Messias sei und in ihm den Menschen Rettung und Heil geschenkt werden. Ihre Predigt hatte offenbar großen Erfolg (Apg 11,19-26). Besonders herausgestellt wird, dass sie sich nicht mehr nur an Juden wandten, sondern auch die Griechen, die beim Synagogengottesdienst anwesend waren, ansprachen und bei ihnen besonderes Interesse fanden, denn neben den Juden gab es auch zahlreiche Griechen, die mit der jüdischen Religion sympathisierten, sich ihr aber wegen Gesetz und Beschneidung nicht vollends anschlossen. Es entstand somit in Antiochien erstmals eine christliche Gemeinde aus Juden und Heiden. Die Apostelgeschichte zeigt an, dass damit die „Schwelle" hin zu einem neuen Selbstverständnis überschritten worden war: „In Antiochia nannte man die Jünger zum ersten Mal Christen." (Apg 11,26b). Man identifizierte diese Gruppe von außen her nicht mehr in jeder Hinsicht mit der Synagogengemeinde und nannte sie deshalb „Christianoi": „die, die sich an Christus halten".

In der Jerusalemer Gemeinde beobachtete man die Entwicklung in Antiochien offenbar mit einiger Sorge. Sie lief den Vorstellungen vieler Gemeindeglieder zuwider und weckte die Befürchtung, dass nun im offiziellen Judentum die gesamte Jesusbewegung in Misskredit geraten würde. Schließlich sandte man Barnabas, einen aus Zypern stammenden, aber doch mit Jerusalem auch familiär eng verbundenen Hellenisten zur Klärung nach Antiochien.

Barnabas übernimmt in Antiochien zwar die Gemeindeleitung, es finden sich aber keinerlei Hinweise, dass er sich in irgendeiner Weise gegen die Aufnahme von Heiden in die Gemeinde gewandt hätte. Er ist vielmehr darum bemüht, eine angemessene Unterweisung der Gemeinde zu organisieren und die Faszination des Anfangs durch klare Orientierungen zu festigen. Zu diesem Zweck holt er unter anderem Paulus, der sich wieder in Tarsus aufhält, als Lehrer nach Antiochien. Apg 13,1 nennt auch weitere Namen: „In der Gemeinde von Antiochien gab es Propheten und Lehrer: Barnabas und Simeon, genannt Niger, Luzius von Zyrene, Manaën, ein Jugendgefährte des Tetrarchen Herodes, und

Saulus" (Apg 13,1).

Nach einiger Zeit sandte die Gemeinde auf Weisung des Heiligen Geistes Barnabas und Paulus zur Mission aus (Apg 13,1-3). In den Paulusbriefen findet diese Reise keine Erwähnung, die Apostelgeschichte aber führt detailliert die Reiseroute auf (Apg 13,1-15,28). Danach wären die beiden Missionare zunächst nach Zypern, der Heimat des Barnabas, gezogen und hätten dort unter anderem Kontakt mit dem römischen Prokonsul Sergius Paulus gehabt. Sie setzen dann von Zypern nach Pamphylien über und missionieren in Perge, im pisidischen Antiochien, in Ikonium, Lystra und in Derbe. Die Texte weisen auf besondere Zeichen, Predigten in den Synagogen und Missionserfolge hin. Besonders nachdrücklich ist das Auftreten der Missionare in Antiochien erzählt. Von Paulus wird ein große Predigt berichtet, die die Bedeutung Jesu für das Heil zur Sprache bringt: „Ihr sollt also wissen, meine Brüder: Durch diesen (Jesus) wird euch Vergebung der Sünden verkündet, und in allem, worin euch das Gesetz des Mose nicht gerecht machen konnte, wird jeder, der glaubt, durch ihn gerecht gemacht ..." (Apg 13,38). Im Anschluss daran kommt es wegen der Offenheit der Missionare gegenüber den Heiden zum Streit. Paulus und Barnabas stellen daraufhin gegenüber den Kritikern klar: „Euch musste das Wort Gottes zuerst gesagt werden: Da ihr es aber zurückstoßt und euch des ewigen Lebens unwürdig erweist, wenden wir uns nun an die Heiden." (Apg 13,47). Für Lukas deutet sich in dieser Szene ein übergreifender Prozess an: der generelle „Übergang" des Wortes von den Juden hin zu den Heiden bzw. der Beginn der systematischen Heidenmission. Die weiteren Stationen der Reise – Ikonium, Lystra – sind von diesem Geschehen überschattet und bringen eine weitere Verschärfung der Situation. Immer deutlicher wird das Problem der Heidenmission angesichts jüdischer Kritik herausgestellt. Schließlich kehren die Missionare per Schiff wieder nach Antiochien zurück und setzen dort ihre Arbeit in der Gemeinde fort.

Man spricht hinsichtlich dieser Reise zumeist von der „ersten Missionsreise" des Paulus.

Jerusalemer Vereinbarung und
Antiochenischer Zwischenfall

Die antiochenischen Christen nahmen von Anfang an auch Heiden in die Gemeinde auf und verlangten von ihnen nicht, sich beschneiden zu lassen und dem jüdischen Gesetz zu unterstellen. Gerade nicht-jüdische Sympathisanten der Synagoge schlossen sich ihnen an. Viele von ihnen hatten offenbar schon länger im Umfeld der Synagogengemeinde gelebt, haben aber den Schritt in die volle Gemeinschaft nicht getan, weil sie sich durch Beschneidung und Gesetz aus ihrem angestammten Umfeld ausgegliedert hatten. Die Offenheit der christlichen Gemeinde erleichterte ihnen eine volle Integration, weil sie weder die Beschneidung noch die Übernahme des Gesetzes verlangte. Die so offenbar rasch wachsende Gemeinde aus Juden und Heiden, die gleichberechtigt miteinander das Heil in Jesus Christus feierten, war für jüdische Kreise und auch für viele Judenchristen ein Problem. Namentlich die Gemeinde in Jerusalem sah die von Jesus ausgehende Bewegung als ein innerjüdisches Geschehen an; viele standen dort der Entwicklung in Antiochien skeptisch gegenüber. Man hatte zwar Barnabas zur Beruhigung der Verhältnisse nach Antiochien gesandt. Der aber hatte sich der Praxis der antiochenischen Gemeinde angeschlossen und an deren Grundorientierung nichts verändert. Ein Zeichen dafür war die von ihm zusammen mit Paulus unternommene Missionsreise nach Syrien und Kleinasien. Das Drängen in Jerusalem, bei der Aufnahme in die christliche Gemeinde die gleichen Bedingungen zu verlangen wie bei der Aufnahme in die Synagogengemeinde, wurde stärker. Apg 15,1 vermerkt: „Es kamen einige Leute aus Judäa herab und lehrten die Brüder: Wenn ihr euch nicht nach dem Brauch des Mose beschneiden lasst, könnt ihr nicht gerettet werden." Es kam zum Streit, bei dem Paulus und Barnabas die antiochenische Haltung verteidigten. Schließlich beschloss die Gemeinde, Paulus und Barnabas zur Klärung der Angelegenheit nach Jerusalem zu senden (Apg 15,1f; auch Gal 2,2).

Barnabas, Paulus und die Autoritäten der Jerusalemer Gemeinde fällen keine eindeutigen Entscheidungen, entwickeln aber pragmatische Orientierungen. Das Treffen stellt so einen entscheidenden Wendepunkt in der Geschichte der christlichen Gemeinden dar. Wir haben mit Gal 2,1-10 und Apg 15,1-34 unterschiedliche Berichte des Geschehens, die zwar in vielen Details voneinander abweichen, in der Grundeinschätzung aber durchaus zusammengehen.

In Jerusalem bleibt man bei der bisherigen Praxis und nimmt nur Juden in die Gemeinde auf, die Gemeinde in Antiochien aber kann in ihrer Praxis der beschneidungsfreien Heidenmission fortfahren. Paulus stellt fest, ihm seien von den Jerusalemern keine weiteren Auflagen gemacht worden, die Apostelgeschichte hingegen vermerkt, dass sich die Heidenchristen zumindest des Götzendienstes, des Erstickten, des Blutes und der Unzucht enthalten sollten, sich also auf Minimalforderungen der jüdischen Speisegebote einlassen müssten.

Die Jerusalemer Vereinbarung hat somit im Kern die Anerkennung zweier unterschiedlicher Arten von Mission bzw. die Aufteilung der Mission zwischen Jerusalem und Antiochien zum Inhalt. Sie ließ aber offen, wie in gemischten Gemeinden beim Gemeindemahl zu verfahren sei. Deutlich wird das an einem Vorgang, der unter dem Namen „Antiochenischer Zwischenfall" in die Geschichte eingegangen ist.

In Antiochien, wo Juden- und Heidenchristen in einer Gemeinde zusammenlebten, hatten sich auch gemischte Gemeinschaften gebildet, die zum Herrenmahl zusammenkamen und miteinander aßen. Eine solche Tischgemeinschaft mit Heiden war dem Juden eigentlich nicht erlaubt, weil der Heide, der das Gesetz nicht hält und deshalb unrein ist, auch den Juden mit Unreinheit behaftet. Darüber ging man offensichtlich in Antiochien hinweg. Auch Petrus beteiligte sich bei einem Besuch in der Stadt offenbar an diesen „gemischten" Eucharistiefeiern. Probleme taten sich erst auf, als einige „Leute von Jakobus" in Antiochien erschienen und gegen diese Praxis protestierten. Einige der Judenchristen zogen sich danach aus den gemeinsamen Eucharistiefeiern zurück – auch Petrus und Barnabas. Paulus empfand dies geradezu als Verrat und schreibt noch geraume Zeit später im Galaterbrief mit bitterem Ton, dass er Petrus, der sich zuvor an den gemeinsamen Mahlzeiten beteiligt hatte, öffentlich zur Rede gestellt habe und feststellen musste, dass sich selbst Barnabas dieser Heuchelei anschloss (Gal 2,11-14).

Mission in Galatien, Kleinasien, Mazedonien und Griechenland

Paulus sieht sich nach der Verständigung mit Jerusalem in seiner Berufung für die Heidenmission bestärkt. Gemeinsam mit Barnabas bereitet er eine neue Missionsexpedition vor. Doch bevor das Projekt Konturen annehmen kann, zerbricht die Partnerschaft zwischen diesen beiden wichtigen Gestalten der Kirche des Anfangs. Die Apostelgeschichte spricht zwar nur von einem Streit über den Einsatz eines Missionsgehilfen, wahrscheinlicher aber sind generelle Differenzen über die geplante Mission. Sie trennen sich und gehen fortan eigene Wege. Paulus wählt den Silas zu seinem Begleiter und Missionsgehilfen (Apg 15,36-41).

Die Reise führt Paulus und Silas zunächst zu jenen Gemeinden, die der Apostel seinerzeit zusammen mit Barnabas gegründet hatte: Derbe, Lystra, Ikonium und Antiochien. Sie bleiben einige Zeit in dieser Region und stärken die Gemeinden. Doch Paulus will nach Mazedonien und Achaja, Regionen im heutigen Griechenland. Er umgeht Kleinasien, wo bereits Gemeinden bestehen und nimmt den direkten Weg nach Mazedonien. In Galatien muss er allerdings seine

Reise für einige Zeit unterbrechen, weil er erkrankt. Den erzwungenen Aufenthalt nutzt er zur Mission und gründet einige Gemeinden. Nach seiner Genesung reist Paulus zügig zur Hafenstadt Troas, von wo aus er mit dem Schiff nach Neapolis übersetzen und nach Philippi gelangen kann.

Philippi liegt verkehrstechnisch günstig an der „Via Egnatia" – einer der großen römischen Fernstraßen, die Verbindungen nach vielen Orten und auch den Anschluss nach Rom ermöglicht. Philippi hatte keine Synagoge, sondern nur eine jüdische Gebetsstätte vor der Stadt. Hier sammelt sich um Paulus offenbar bald eine Gemeinde. Die Apostelgeschichte erzählt aber auch von Anfeindungen, Geißelung, Kerkerhaft und außergewöhnlicher Befreiung. Wegen der aufgeheizten Stimmung kann Paulus nicht in Philippi bleiben und zieht weiter nach Thessalonich (Apg 16,9-40). Hier gibt es eine Synagoge, in der Paulus an den Sabbattagen predigt (Apg 17,4). Doch ebenso wie in Philippi formiert sich auch hier Widerstand gegen ihn. Er wird vor den Stadtpräfekten gebracht und kommt nur durch eine Bürgschaft frei. Schließlich flieht er in die Nachbarstadt Beröa. Allerdings schickt man von Thessalonich Agitatoren nach Beröa, was auch hier die Situation verschärft. Deshalb verlässt er

die Stadt, lässt aber seine Mitarbeiter in Mazedonien zurück, damit sie die neu gegründeten
Gemeinden festigen.

Er selbst aber reist nach Achaja, besucht
zunächst Athen und zieht dann nach Korinth, der
Provinzhauptstadt von Achaja. Korinth ist eine
weltoffene Großstadt mit zwei Häfen, internatio-
nalem Flair und den Licht- und Schattenseiten,
die solchen Städten eigen sind.

Folgt man dem Bericht in Apg 18,1-17, dann
kommt Paulus wohl im Jahre 50 nach Korinth. Er
trifft dort auf das Ehepaar Priszilla und Aquila.
Beide sind Juden, gehören aber offenbar zu jenen, die schon in Rom in der Synagoge von
Christus gepredigt hatten und wegen der daraus
hervorgehenden Auseinandersetzungen von Kaiser Claudius aus Rom verbannt wurden. Sie
besitzen wohl ein Geschäft mit Niederlassungen
im Osten und halten sich deshalb in Korinth auf.
Paulus findet bei ihnen Arbeit und Unterkunft,
zugleich bilden sie mit ihm eine erste christliche
„Zelle" in Korinth. Dies ist ein für die Mission des
Paulus typischer Beginn: Entscheidend sind
immer zunächst Kontakt und Aufnahme in der
Stadt. Auch in Korinth beginnt Paulus in der
Synagoge zu predigen. Er muss allerdings zunächst auch für seinen Lebensunterhalt arbeiten
und ist deshalb nicht ganz frei für die Mission.

Als aber Silas und Timotheus ihm nach Korinth folgen, bringen sie eine Spende der Gemeinde in Philippi mit (vgl. 2 Kor 11,8f). Sie ermöglicht es dem Paulus, sich ganz der Mission zu widmen. Vor allem „Gottesfürchtige", aber auch eine Reihe von den Juden, darunter der Synagogenvorsteher, schließen sich ihm an. Dies führt zu Auseinandersetzungen in der Synagogengemeinde und schließlich zum Ausschluss der Gruppe um Paulus. Sie trifft sich fortan im Haus des Titius Justus, nahe der Synagoge. Wegen der Geschehnisse wird von Mitgliedern der Synagogengemeinde gegen Paulus ein Gerichtsverfahren vor dem Statthalter angestrengt. Der aber lässt sich nicht darauf ein. Seiner Meinung nach handele es sich um interne Auseinandersetzungen unter Juden über Fragen ihrer Religion, und darüber wolle der römische Staat nicht Richter sein. Paulus kann danach offenbar in Korinth ohne Schwierigkeiten leben und bleibt zweieinhalb Jahre in der Stadt.

Man bezeichnet die Mission des Paulus in Galatien, Mazedonien und Griechenland auch als „zweite Missionsreise".

Korinth als Beispiel

Am Beispiel der Mission in Korinth, von der wir durch die beiden Korintherbriefe und die Apostelgeschichte gut unterrichtet sind, lassen sich einige generelle Elemente der paulinischen Missionspraxis herausarbeiten.

Die Predigt in der Synagoge: Paulus beginnt die Mission überall am Sabbat in der Synagoge. Dabei legt er, wie es die Ordnung des Gottesdienstes verlangte, die Schrift aus, erschließt sie aber auf Christus hin: In ihm sind die Verheißungen erfüllt, er offenbart Gottes Weisheit in der Torheit des Kreuzes und ist der kommende Richter der Lebenden und Toten. Der Beginn der Mission in der Synagoge ist für ihn selbstverständlich, denn für ihn gehören die Verheißungen Israels und die Botschaft von Jesus dem Auferstandenen und kommenden Richter zusammen. Das „Damaskusgeschehen" hat ihm für diesen inneren Zusammenhang die Augen geöffnet.

Die Trennung von der Synagoge: Die Predigt des Paulus findet in der Synagogengemeinde durchaus zunächst allgemeines Interesse und erfährt Zuspruch, sie stößt aber mit der Zeit zunehmend überall auch auf Widerstand und skeptische

Ablehnung. Es kommt in Korinth wie an anderen Orten zur Trennung des Paulus von der Synagoge bzw. zur Abgrenzung der Synagoge von Paulus und seinen Anhängern. Dies bringt für die zurückbleibende Synagogengemeinde durchaus auch Probleme mit sich. Mit den nichtjüdischen Sympathisanten gehen auch Förderer weg, die für die Synagoge öffentlich eingetreten sind und sie auch finanziell unterstützt haben.

Die Hauskirche: Nach der Trennung von der Synagoge versammelt sich die Gruppe um Paulus in Privathäusern. Das Haus wird damit zum bevorzugten Versammlungs- und Gottesdienstort der frühen Gemeinde und bleibt es bis zum Anfang des 4. Jh. Die aus bis zu 40 Gliedern bestehenden, sich hausweise versammelnden Gemeinden wachsen zu engen familiären Gemeinschaften zusammen. Es entwickelt sich eine Form von Gemeinschaft, wie sie in der Spätantike ohne Vergleich ist: Sklaven und Freie, Juden und Griechen, Frauen und Männer sind in christlicher Liebe miteinander verbunden durch enge Bindung an Christus, den Herrn aller. Gal 3,28 bringt diese Erfahrung als „Gewinn" der christlichen Gemeinde zum Ausdruck: „Hier ist nicht Jude und Grieche, hier ist nicht Sklave und Freier, hier ist nicht Mann und nicht Frau; denn ihr alle seid einer in Christus Jesus." Die christliche Hauskirche verstand sich als erfahrbare Wirklichkeit des sich schon im Anbruch befindlichen Gottesreiches und war so von eminenter Bedeutung für die Mission.

Die Prägung der Gemeinde: Die beiden Korintherbriefe vermitteln wichtige Einblicke in das Leben einer frühchristlichen Gemeinde. 1 Kor 12,2 wird deutlich, dass die Gemeinde in Korinth vornehmlich aus Heidenchristen bestand; 1 Kor 7,18 zeigt, dass es aber durchaus auch Judenchristen gab. In der Gemeinde lässt sich ein deutliches soziales Gefälle ausmachen. Einigen Wohlhabenden stand offenbar eine große Zahl von Gemeindegliedern gegenüber, die den unteren Schichten zuzurechnen waren. Spannungen zwischen den einzelnen Gruppen machen sich besonders beim Gemeindemahl geltend (vgl. etwa 1 Kor 11,20). Die Gemeinde ist wohl schon bald relativ groß (vgl. die Hinweise zum Gottesdienst in 1 Kor 12-14 und 1 Kor 11,30) und bedarf für ihre Versammlungen einer gewissen Organisation und Ordnung.

Die Vernetzung mit anderen Gemeinden: Paulus gründet nicht nur einzelne Gemeinden, er ist auch darum bemüht, diese miteinander zu vernetzen. Für ihn gibt es keine übergeordneten Muttergemeinden, doch soll sich jede der neu gegründeten Gemeinden für die anderen auch als Muttergemeinde verstehen. Er hat so ein Netz aufeinander bezogener Gemeinden vor Augen, die im „offenen Raum" einer völlig anders ausgerichteten Gesellschaft füreinander einstehen und einander durch Gebet und Gaben der Liebe unterstützen. Deutlich wird dies an Mitarbeitern, die von schon gefestigten Gemeinden delegiert werden, um für eine befristete Zeit mit Paulus in der Mission zu arbeiten. Sie stehen für die Mitverantwortung der Einzelgemeinden für den gesamten Missionskreis (vgl. 1 Kor 16,17).

Mitarbeiter des Paulus: Die paulinische Mission ist zwar weitgehend durch den Apostel selbst geprägt, aber ohne die Mitarbeiter des Paulus schwer vorstellbar. Die Texte zeigen, dass es unterschiedliche Ebenen von Mitarbeitern gab: Der engere Mitarbeiterkreis ist relativ klein, besteht aus Männern, die Paulus von Ort zu Ort begleiten, arbeitet übergemeindlich und besteht aus „hauptamtlichen" Missionaren. Timotheus, Silas (Silvanus) und Titus (verantwortlich für die Kollekte und die Verbindung nach Jerusalem) erscheinen auch als Mitabsender der Paulusbriefe. Daneben gibt es einen unabhängigen Mitarbeiterkreis: Das sind Leute, die zufällig auf Paulus treffen und eine Zeit lang mit ihm zusammenarbeiten, wie Apollos, ein charismatischer Wanderprediger. In Ephesus arbeitete er mit

Paulus zusammen, ging dann aber seine eigenen Wege. Diesem Kreis sind auch Priszilla und Aquila zuzuzählen, mit denen Paulus in Korinth und Ephesus zusammenarbeitet. Röm 16,4 verweist Paulus auf ihre Bedeutung bei der Mission: „Alle heidenchristlichen Gemeinden sind ihnen zu Dank verpflichtet."

Lehrer in Ephesus

Nach eineinhalb Jahren verlässt Paulus Korinth und lässt eine stabile und vitale christliche Gemeinde zurück. Auch die Gemeinden in Mazedonien - Thessalonich und Philippi - sind in sich gefestigt. Der Apostel geht davon aus, dass die Gründungsphase dieser Gemeinden abgeschlossen ist und verlegt sein „Missionszentrum" nach Ephesus. Die Intention, die Paulus mit diesem Ortswechsel verfolgt, ist deutlich: Er sucht nach Abschluss der Gründungsphase in Mazedonien und Achaja ein „Zentrum", von dem aus er leichter mit allen „seinen" Gemeinden in Kontakt treten kann. Da sind auf der einen Seite jene Gemeinden, die er mit Barnabas auf der ersten Missionsreise gegründet hat, und die Gemeinden in Galatien; ihnen stehen auf der anderen Seite die Gemeinden in Mazedonien und in Achaja gegenüber. Ephesus liegt etwa in der Mitte dieses weit auseinander liegenden Missionsgebietes. Mit dem Schiff erreicht man Korinth oder Philippi von Ephesus aus in wenigen Tagen, Galatien ist auf dem Landweg in einer Woche zu erreichen.

Ephesus ist zudem die viertgrößte Stadt im Römischen Imperium und berühmt durch seine Tempel. Im Zentrum der Aufmerksamkeit steht dabei der Artemis-Tempel, der zu den sieben Weltwundern gezählt wird. Das als wundertätig angesehene Bild der Göttin Artemis zog Besucher aus aller Welt an. Der Kult der Artemis bestimmte weithin das öffentliche Leben der Stadt: Scharen von Pilgern kamen Tag für Tag nach Ephesus, ganze Berufszweige lebten vom Devotionalienhandel und vom Fremdenverkehr.

Auch im Hinblick auf die Christusverkündigung hat die Stadt schon eine Vorgeschichte. Denn in Ephesus ist wohl bereits vor Paulus missioniert worden. Offenbar haben hier bereits in recht früher Zeit judenchristliche Missionare gepredigt und wohl auch eine Gemeinde gegründet (vgl. Apg 18,26ff; 19,32-34). Paulus knüpft aber nicht an deren Arbeit an, sondern will wohl eher der Heidenmission stärkeres Gewicht verleihen. Dafür stehen etwa Priska und Aquila, die auch in Ephesus eine Hausgemeinde gründeten (vgl. 1 Kor 16,19).

Es ist schwer, diesen langen Ephesusaufenthalt zeitlich genau abzugrenzen und im Einzelnen zu beschreiben. Paulus besucht Galatien und mehrfach auch Korinth, empfängt Nachrichten über das Geschehen in seinen Gemeinden. Er nimmt durch Briefe Stellung zu bestimmten Ereignissen. Der 1. und 2. Korintherbrief, der Galaterbrief, der Philipper- und der Philemonbrief dürften in Ephesus geschrieben worden sein. Ephesus wird so für die missionarische Arbeit des Paulus in der Tat zu einer Art „Zentrale", die ihm Kontakte nach allen Seiten hin ermöglicht. Darüber hinaus ist er ohne Zweifel auch im näheren Umfeld von Ephesus missionarisch tätig. Darauf weist etwa das kurze Schreiben an die Hausgemeinde des Philemon, die offensichtlich eine Frucht seiner Missionsarbeit ist.

Noch ein weiterer Aspekt ist für das Verständnis des langen Aufenthalts in Ephesus von Bedeutung. Apg 19,8f vermerkt, dass er „drei Monate lang ungehindert reden (konnte) ... Da aber einige verstockt waren, sich widersetzten und vor allen Leuten den (neuen) Weg verspotteten, trennte er sich mit seinen Jüngern von ihnen und unterwies sie täglich im Lehrsaal des Tyrannus.

Das geschah zwei Jahre lang: auf diese Weise hörten alle Bewohner der Provinz Asien, Juden wie Griechen, das Wort des Herrn ..." Auch wenn die Hörerschaft wohl ein wenig hoch angesetzt ist, bringt die Notiz einen für das Verständnis des Ephesusaufenthaltes bedeutsamen Aspekt in den Blick. Paulus stößt auch hier nach einiger Zeit in der Synagoge auf Widerstand, der schließlich zum Ausschluss führt. Es bietet sich hier als Alternative zur Synagoge neben den Privathäusern auch der Saal des Tyrannus an – offenbar ein allgemein genutzter und bekannter Raum. Hier lehrt Paulus dann täglich öffentlich, d. h. es entsteht so etwas wie eine theologische Schule. Für den Apostel bedeutet dies: Studium der Schriften, tiefere theologische Durchdringung des Bekenntnisses zu Jesus Christus, was sich dann auch in seinen Briefen niederschlägt. So ergibt sich für den großen Ephesusaufenthalt ein weiter Horizont an Arbeit und Verpflichtung. Aus diesem sich über einen langen Zeitraum hin erstreckendem Bemühen ragen einige Geschehnisse heraus: Nachdem Paulus die Gemeinden in Galatien besucht hat, treten fremde Lehrer auf, die diese zu Gesetz und Beschneidung führen wollen. Paulus greift mit dem Galaterbrief theologisch in das Geschehen ein und hat offensichtlich mit seiner Intervention Erfolg (vgl. die

Hinweise im III. Teil zum Galaterbrief). Mit der Gemeinde in Korinth gibt es über längere Zeit einen intensiven, teilweise auch kontroversen Austausch, der sich in den beiden Korintherbriefen niedergeschlagen hat (vgl. III. Teil, 1/2 Korintherbrief). Sorgen bereitet ihm auch die Gemeinde von Philippi, weil fremde Lehrer sie auf einen Kurs zu bringen versuchen, der statt auf Christus doch wieder auf äußere Zeichen und Sicherungen setzt (vgl. III. Teil, Philipperbrief).

Am Ende der Zeit in Ephesus steht eine dramatische Zuspitzung. Der Apostel ist für längere Zeit im Gefängnis, sein Prozess ist völlig offen; er muss selbst mit der Todesstrafe rechnen. Grund dafür könnte jener Aufstand der Silberschmiede gewesen sein, von dem Apg 19,23-40 die Rede ist. In Phil 1,12-26 gibt der Apostel als einer, der sich auf alle möglichen Entwicklungen eingestellt hat, der Gemeinde in Philippi Rechenschaft über seine Situation: „Was soll ich wählen? Ich weiß es nicht. Es zieht mich nach beiden Seiten: Ich sehne mich danach, aufzubrechen und bei Christus zu sein – um wie viel besser wäre das. Aber um euretwegen ist es notwendig, dass ich am Leben bleibe." In jene Zeit der Gefangenschaft fällt auch die Bekehrung des Onesimus – eines jungen Sklaven aus dem Hause des Philemon, den Paulus bekehrt hat und mit dessen Hausgemeinde er verbunden ist (vgl. III. Teil, Philemonbrief).

Paulus kommt schließlich doch frei. Die Modalitäten lassen sich nicht mehr erheben, manches weist darauf, dass es unter dramatischen Umständen geschehen ist.

Der große Ephesusaufenthalt mit den verschiedenen Reisen wird auch die „dritte Missionsreise" des Paulus genannt.

Letzte Wege des Paulus

Paulus hatte der Gemeinde in Korinth schon vor längerer Zeit angekündigt, dass er Mazedonien und Achaja besuchen wolle (2 Kor 16,2-9), ist aber durch die Haft in Ephesus festgehalten worden. Als er im Frühjahr 55 endlich freikommt, bricht er sofort nach Mazedonien auf. Er besucht Philippi und Thessalonich und macht sich dann auf den Weg nach Korinth.

Die Reise ist ihm vor allem wegen einer Kollekte für Jerusalem wichtig. Im Zusammenhang mit der Jerusalemer Vereinbarung war die Bitte ausgesprochen worden, bei der Mission die Armen in Jerusalem nicht zu vergessen. In diesem Sinn hatte man schon von Antiochien her bei einer Hungersnot die Jerusalemer finanziell unterstützt. Paulus will in gleicher Weise eine Gabe „seiner" Gemeinden als Zeichen der Gemeinschaft zwischen Juden und Heidenchristen nach Jerusalem überbringen. Er hatte zunächst die Gemeinden in Galatien und in Korinth aufgerufen, als er aber in Philippi und Thessalonich von dieser Aktion berichtet, schließen sich ihr auch diese beiden Gemeinden an. Paulus zieht dann nach Korinth und bleibt dort drei Monate.

Der Aufenthalt in Korinth ist für ihn von großer Bedeutung, weil er sein weiteres Vorgehen planen muss:

Wichtig ist ihm dabei die Kollekte für Jerusalem: Er befürchtet, dass man in Jerusalem die Kollekte der Gemeinden aus dem heidnischen Gebiet nicht so ohne weiteres annehmen wird, obwohl man das Geld bitter nötig hat. Ihm ist bewusst, dass seine Arbeit unter den Heiden in der Jerusalemer Gemeinde nicht nur Zustimmung findet. Deshalb beschließt er, selbst nach Jerusalem zu gehen, denn er meint, ihm selbst würden sie die Gabe nicht ablehnen können. Ihm war bewusst, dass er sich damit in höchste Gefahr begab und mit der Reise nach Jerusalem sein Leben riskierte. Er wollte und konnte sich diesem Vorhaben aber nicht entziehen, weil es ihm dabei um die Einheit der Kirche ging. Das Mittel der Hilfeleistung war seiner Meinung nach geeignet, trotz tief greifender Differenzen die unterschiedlichen Gruppen zu verbinden. Deshalb setzte er alles, was ihm möglich war, ein, um die Annahme der Kollekte durch die Jerusalemer Gemeinde möglich zu machen – auch Leib und Leben.

Das zweite Problem, das ihn in dieser Zeit bewegt, ist die Fortsetzung seiner Missionsarbeit auf einem völlig neuen Feld: in Spanien. Die Gemeinden in Galatien und in Griechenland waren so gefestigt, dass sie jetzt allein bzw. mit Hilfe seiner Schüler und anderer christlicher Boten ihren Weg finden könnten. Spanien dagegen hatte überhaupt noch keine Mission erfahren und bot sich deshalb als nächstes Arbeitsfeld an. Freilich brauchte er für diese Arbeit Hilfe von einer großen Gemeinde. Er schreibt deshalb einen umfänglichen Brief an die Gemeinde von Rom (vgl. III. Teil, Römerbrief). Darin legt er den Christen in Rom ausführlich seine Theologie vor. Sie sollen erkennen, dass er – was immer sie über ihn gehört haben mögen – mit ihnen im gemeinsamen Glauben steht, auch wenn er bestimmte Akzente meint anders setzen zu müssen als andere. Zugleich bittet er sie um Hilfe bei dieser Mission – um ideelle, personale und finanzielle Hilfe.

Der Römerbrief wirkt in dieser Form wie das Testament des Paulus, er legt die Denkwege des Apostels offen, er markiert seine Verletzungen und weist in ganz eigener Weise auf das Zentrum des Glaubens an Jesus Christus. Schließlich reist er mit der Kollekte nach Thessalonich und Phillipi und von dort über verschiedene Stationen nach Judäa.

Am Schluss des Römerbriefes hatte Paulus von Korinth aus der Gemeinde von Rom seine Pläne umrissen: Er wolle „nach Jerusalem" gehen, um der Jerusalemer Gemeinde „einen Dienst zu erweisen. Denn Mazedonien und Achaja haben eine Sammlung beschlossen für die Armen unter den Heiligen in Jerusalem ..." (Röm 15,26). Die Gefahren, die sich für ihn mit dieser Reise verbinden, sind ihm bewusst. Er bittet deshalb auch die Gemeinde in Rom um ihr Gebet: „.... dass ich errettet werde von den Ungläubigen in Judäa und mein Dienst, den ich für Jerusalem tue, den Heiligen willkommen sei ..." (15,31).

Mit diesen Hinweisen im Römerbrief bricht das authentische Zeugnis des Paulus ab, weitere Nachrichten von seiner Hand haben wir nicht. Lediglich die Apostelgeschichte berichtet vom Besuch des Paulus in Jerusalem. Danach kommt Paulus von Cäsarea nach Jerusalem und nimmt Quartier bei einem Glied der Gemeinde mit Namen Mnason. Er trifft Jakobus und die Ältesten der Gemeinde. Sie nehmen ihn zwar auf und hören seinen Bericht von der Arbeit in Griechenland und Kleinasien an. Allerdings verweisen sie auch darauf, dass er von vielen Gliedern der Gemeinde, die die Botschaft vom Heil in Jesus Christus allein auf Israel beziehen, entschieden abgelehnt wird. Sie schlagen ihm deshalb vor, durch ein besonderes Zeichen seine Verwurzelung in Israel zu zeigen: Er solle sich reinigen und vier Nasiräer auslösen. Am 3. und 7. Tag nach der Anmeldung im Tempel geschah die Besprengung mit Sühnewasser. Am 7. Tag wird Paulus im Tempel von Juden aus der Provinz Asien erkannt, die die Volksmenge gegen ihn aufbringen. Das Volk verdächtigt ihn, einen Heiden mit in den heiligen Bezirk gebracht zu haben. Nur der Zugriff römischer Soldaten, die ihn in Schutzhaft nehmen, rettet ihn vor der Lynchjustiz. Die übrigen Berichte sind Zutaten des Lukas: die Paulusrede und das Verhör, das dem Verhör Jesu vor dem Hohen Rat nachgebildet ist.

Er wird nach Cäsarea, dem Sitz des römischen Prokurators, überführt und bleibt dort in römischem Gewahrsam. Zwei Jahre befindet er sich in Untersuchungshaft, weil der Prokurator unschlüssig ist, wie er in dieser Sache verfahren soll. Der neue Statthalter Portius Festus will offenbar den Prozess wieder in Gang bringen und Paulus dazu nach Jerusalem bringen lassen. Da der aber in Jerusalem unter dem Druck der gegen ihn eingestellten Volksmenge keinen fairen Prozess erwarten kann, appelliert er unter Verweis auf sein römisches Bürgerrecht an den Kaiser. Ein römischer Bürger hatte das Recht, vom Kaiser angehört und beurteilt zu werden. Angesichts einer Anrufung des Kaisers ist die Gerichtsbarkeit des Statthalters aufgehoben. Paulus wird nach Rom gebracht. Dort verbringt er zwei Jahre unter leichtem Hausarrest, kann aber Besucher empfangen. Mehr erfahren wir in der Apostelgeschichte nicht, denn an dieser Stelle bricht auch der Bericht des Lukas ab. Freilich lässt dieser Schluss bei den Lesern ganz zwangsläufig die Frage aufkommen, was denn nach diesen zwei Jahren geschehen ist. Aber gerade die Tatsache, dass dieses Danach nicht erzählt wird, lässt nicht an eine Fortsetzung der Missionstätigkeit in Spanien, sondern an die Wiederaufnahme des Prozesses, die Verurteilung durch Kaiser Nero und die Hinrichtung des Paulus denken. Lukas erzählt zwar den Tod des Paulus nicht; er hat aber die gesamte Reise von Korinth nach Jerusalem mit deutlichen Hinweisen versehen, dass dieser Weg für Paulus der Weg zum Martyrium ist: Bedrohungen, denen er durch Änderung der Reiseplä-

ne ausweichen muss, werden erzählt. In Milet
hält er eine Abschiedsrede, in der er sein Ende
ankündigt, ein Prophet verkündet ihm Gefangenschaft und Tod. Nimmt man dies alles auf, dann
wird deutlich, dass Lukas den Tod des Paulus
nicht direkt erzählt, aber doch anzeigen will, was
geschehen ist: Nach zwei Jahren ist offenbar der
Prozess wieder aufgenommen worden, 62 n. Chr.
ist er von Kaiser Nero – noch vor dessen Chris-
tenverfolgung, in der Petrus stirbt – zum Tode
verurteilt und hingerichtet worden. Als römischer
Bürger ist er freilich nicht gekreuzigt, sondern
enthauptet worden, weil die Kreuzigung auf römische Bürger nicht angewendet werden durfte.
Der 1. Klemensbrief vermerkt Ende des ersten
Jahrhunderts: „Wegen Eifersucht und Streit zeigt
Paulus den Kampfpreis der Geduld: Siebenmal
trug er Ketten, wurde vertrieben, gesteinigt,
wurde Herold im Osten wie im Westen und emp-
fing den echten Ruhm seines Glaubens. Er lehr-
te die ganze Welt Gerechtigkeit und kam bis an
die Grenzen des Westens und legte vor den
Machthabern Zeugnis ab. So schied er aus der
Welt und gelangte an den heiligen Ort und wurde
das größte Vorbild der Geduld."

Was kann uns scheiden von der Liebe Christi?" (Röm 8,35)

In aller Kürze ist der Weg des Apostels Paulus nachgezeichnet worden, soweit er sich aus den biblischen Texten erschließen lässt. Dieser Weg ist nicht nur die Biographie eines christlichen Boten; Paulus repräsentiert mit seinem Weg vielmehr ein Stück weit sich immer deutlicher entfaltender Theologie. Mit großem Nachdruck und sich immer weiter öffnender Klarheit tritt dabei ein Verständnis des Handelns Gottes in Jesus Christus in den Blick, das am Ende nur noch bekennen kann: „Denn ich bin gewiss: Weder Tod noch Leben, weder Engel noch Mächte, weder Gegenwärtiges noch Zukünftiges, weder Gewalten der Höhe oder Tiefe noch irgendeine andere Kreatur können uns scheiden von der Liebe Gottes, die in Christus Jesus ist, unserem Herrn" (Röm 8,37f).

Diesem Paulus, der mit dem Bewusstsein der Erwählung Israels aufgewachsen war und aus dem Gesetz lebte, eröffnete Gott in Damaskus seinen Sohn als den, durch den der Menschheit Heil wird. Fortan war dies die Mitte seines Lebens, von der her er Glauben, Verheißung und Hoffnung in einem neuen Licht sah und mit einer neuen Gewissheit verkündete – und es war nicht nur eine neue, ihn tiefer in die Erkenntnis Gottes führende Erfahrung, er selber war einbezogen in das, was ihm eröffnet war als Bote, Zeuge und Apostel.

Im Philipperbrief geht Paulus eindrücklich auf die Wende ein, die ihn nicht Israel entfremdete, aber doch ganz auf Jesus Christus als Erfüllung der Verheißung ausrichtete: „Ich wurde am achten Tag beschnitten, bin aus dem Volk Israel, vom Stamm Benjamin, ein Hebräer von Hebräern, lebte als Pharisäer nach dem Gesetz, verfolgte voll Eifer die Kirche und war untadelig in der Gerechtigkeit, wie sie das Gesetz vorschreibt. Doch was mir damals ein Gewinn war, das habe ich um Christi Willen als Verlust erkannt. Ja noch mehr: ich sehe alles als Verlust an, weil die Erkenntnis Christi Jesu, meines Herrn, alles übertrifft. Seinetwegen habe ich alles aufgegeben und halte es für Unrat, um Christus zu gewinnen und in ihm zu sein. Nicht meine eigene Gerechtigkeit suche ich, die aus dem Gesetz hervorgeht, sondern jene, die durch den Glauben an Christus kommt, die Gerechtigkeit, die Gott aufgrund des Glaubens schenkt. Christus will ich erkennen und die Macht seiner Auferstehung und die Gemeinschaft mit seinen Leiden; sein Tod soll mich prägen. So hoffe ich, auch zur Auferstehung von den Toten zu gelangen" (Phil 3,5-11).

Er markiert hart die Grenze zwischen dem, was er einmal war und auf welchem Weg er meinte, das Heil zu gewinnen, weil die Erfahrung Christi alles überstrahlt. Alles läuft für ihn seither darauf hin, Christus zu erkennen und von ihm erfasst und geprägt zu werden. Dies beinhaltet einen fundamentalen Wechsel des Denkens: Es geht nicht mehr darum eine Gerechtigkeit zu suchen, die man sich durch sein Tun selbst schaffen will, sondern um eine Gerechtigkeit, die Gott in Jesus Christus aufgrund des Glaubens schenkt. Wenn aber alles Geschenk ist, dann sind die Heiden ebenso gerufen wie Israel, und Christus, durch dessen Tod Vergebung geschenkt ist, öffnet sich allen, die ihn suchen.

Der Römerbrief sagt dies in einem Lehrsatz noch deutlicher: „Jetzt aber ist unabhängig vom Gesetz die Gerechtigkeit Gottes offenbart worden, bezeugt vom Gesetz und von den Propheten: die Gerechtigkeit Gottes aus dem Glauben an Jesus Christus, offenbart für alle, die glauben. Denn es gibt keinen Unterschied [= zwischen Juden und Heiden!]: Alle haben gesündigt und die Herrlichkeit Gottes verloren. Ohne es verdient zu haben, werden sie gerecht, dank seiner Gnade, durch die Erlösung in Christus Jesus. Ihn hat Gott dazu bestimmt, Sühne zu leisten mit seinem Blut – Sühne, wirksam durch Glauben. So erweist Gott seine Gerechtigkeit durch die Vergebung der Sünden, die früher, in der Zeit seiner Geduld, begangen wurden; er erweist seine Gerechtigkeit in der gegenwärtigen Zeit, um zu zeigen, dass er gerecht ist und den gerecht macht, der an Jesus glaubt (Röm 3,21-26).

Daraus ergibt sich für Paulus eine unerschütterbare Gewissheit der Barmherzigkeit Gottes „Ist Gott für uns, wer ist dann gegen uns? Er hat seinen eigenen Sohn nicht verschont, sondern ihn für uns alle hingegeben – wie sollte er uns mit ihm nicht alles schenken? Wer kann die Auserwählten Gottes anklagen? Gott ist es, der gerecht macht. Wer kann sie verurteilen? Christus Jesus, der gestorben ist, mehr noch: der auferweckt worden ist, sitzt zur Rechten Gottes und tritt für uns ein. Was kann uns scheiden von der Liebe Christi? Bedrängnis oder Not oder Verfolgung, Hunger oder Kälte, Gefahr oder Schwert? ... Denn ich bin gewiss: Weder Tod noch Leben, weder Engel noch Mächte, weder Gegenwärtiges noch Zukünftiges, weder Gewalten der Höhe oder Tiefe noch irgendeine andere Kreatur können uns scheiden von der Liebe Gottes, die in Christus Jesus ist, unserem Herrn" (Röm 8,31-39).

Aus dieser Gewissheit erwächst für Paulus die Fähigkeit zu einem neuen erlösten Handeln, das aus dem Geschenk des neuen Lebens heraus tätig wird: „Angesichts des Erbarmens Gottes ermahne ich euch, meine Brüder, euch selbst als lebendiges und heiliges Opfer darzubringen, das Gott gefällt; das ist für euch der wahre und angemessene Gottesdienst. Gleicht euch nicht dieser Welt an, sondern wandelt euch und erneuert euer Denken, damit ihr prüfen und erkennen könnt, was der Wille Gottes ist: was ihm gefällt, was gut und vollkommen ist" (Röm 12,1f).

II.
PAULUS LESEN

Viel ist bisher über Paulus und seine Mission geredet worden. Nun soll Paulus mit einigen Texten aus dem 1. Korintherbrief selbst zu Wort kommen. Das Schreiben ist so sehr von konkreten Fragen einer vitalen Gemeinde bestimmt, dass es auch heute noch den Leser unmittelbar erreicht (vgl. III. Teil, Korintherbriefe).

„an die Kirche Gottes in Korinth"
(1 Kor 1,1-9)

(1) Paulus, durch Gottes Willen berufener Apostel Christi Jesu, und der Bruder Sosthenes (2) an die Kirche Gottes, die in Korinth ist, – an die Geheiligten in Christus Jesus, berufen als Heilige mit allen, die den Namen Jesu Christi, unseres Herrn, überall anrufen, bei ihnen und bei uns. (3) Gnade sei mit euch und Friede von Gott, unserem Vater und dem Herrn Jesus Christus.
(4) Ich danke Gott jederzeit euretwegen für die Gnade Gottes, die euch in Christus Jesus ge-

schenkt wurde, (5) dass ihr an allem reich gewor-
den seid in ihm, an aller Rede und Erkenntnis. (6)
Denn das Zeugnis über Christus wurde bei euch
gefestigt, (7) so dass euch keine Gnadengabe
fehlt, während ihr auf die Offenbarung Jesu Chris-
ti, unseres Herrn, wartet. (8) Er wird euch auch
festigen bis ans Ende, so dass ihr schuldlos
dasteht am Tag Jesu, unseres Herrn. (9) Treu ist
Gott, durch den ihr berufen worden seid zur
Gemeinschaft mit seinem Sohn Jesus Christus,
unserem Herrn.

Wie jeder antike Brief beginnt auch 1 Kor mit einer formelhaften Einleitung, die Absender und Empfänger nennt und durch einen Segensgruß abgeschlossen wird. Diese übliche Briefeinleitung wird bei Paulus freilich schon zum Lobpreis der Güte Gottes, durch die die Korinther und auch er selbst reich wurden an Erkenntnis. Weil er aber um manche Halbherzigkeit und Labilität der Korinther weiß, stellt er auch sogleich heraus: Die korinthischen Christen sollen ihrer Berufung gemäß leben als von Christus Geheiligte, die seinen Namen anrufen, weil er sie aus einer unvernünftigen Welt gerettet hat. Der Apostel versteht die Taufe nicht nur als Akt der Eingliederung in die Kirche, sondern als Rettung aus einer gottverschlossenen Welt.

Paulus blickt zurück auf die Gründung der Gemeinde und auf das, was ihr seither an innerem und äußerem Wachstum geschenkt worden ist. Zugleich wendet er seinen Blick auf das Kommen des Herrn, das all das vollenden wird, was er schon jetzt vor den Augen der Welt hilfreich begonnen hat. Allein die Treue Gottes lässt die Menschen hoffen, dass das Leben in der Gemeinschaft mit seinem Sohn stehen wird.

„Ist denn Christus zerteilt?" (1,10-17)

(10) Ich ermahne euch aber, Brüder, im Namen Jesu Christi, unseres Herrn: Seid alle einmütig, duldet keine Spaltungen unter euch; seid ganz eines Sinnes und einer Meinung. (11) Es wurde mir nämlich, meine Brüder, von den Leuten der Chloe berichtet, dass es Zank und Streit unter euch gibt. (12) Ich meine damit, dass jeder von euch etwas anderes sagt: Ich halte zu Paulus – ich zu Apollos – ich zu Kephas - ich zu Christus. (13) Ist denn Christus zerteilt? Wurde etwa Paulus für euch gekreuzigt? Oder seid ihr auf den Namen des Paulus getauft worden? (14) Ich danke Gott, dass ich niemand von euch getauft habe, außer Krispus und Gaius, (15) so dass keiner sagen kann, ihr seiet auf meinen Namen getauft

worden. (16) Ich habe allerdings auch die Familie des Stephanas getauft. Ob ich sonst noch jemand getauft habe, weiß ich nicht mehr. (17) Denn Christus hat mich nicht gesandt zu taufen, sondern das Evangelium zu verkünden, aber nicht mit gewandten und klugen Worten, damit das Kreuz Christi nicht um seine Kraft gebracht wird.

Unmittelbar nach der Eröffnung des Briefes kommt der Apostel auf ein Problem zu sprechen, das ihn im Hinblick auf die Gemeinde in Korinth besonders bewegt: „Es wurde mir ... von den Leuten der Chloe berichtet, dass es Zank und Streit unter euch gibt." (1,11) Von Parteiungen ist die Rede, die sich auf unterschiedliche Gewährsleute berufen: auf Paulus, auf Apollos, auf Kephas und auch auf Christus.

Paulus hat zwar die Gemeinde gegründet, nach seinem Weggang aber sind auch andere Missionare in Korinth gewesen. Einer von ihnen war der aus Alexandrien stammende Apollos. Er hatte die Gabe geisterfüllter und prophetischer Rede (Apg 18,24-28). Er verstand es, den christlichen Glauben mit jüdisch-hellenistischer Gelehrsamkeit zu verbinden und war so für die Gebildeten unter den korinthischen Christen ein wichtiger Vermittler der christlichen Botschaft. Auch sie praktizierten nun Zungenrede, Prophetie und

Heilungsgebete als die ihrer Meinung nach entscheidenden Vollzüge des Glaubens. Dies aber
weckte das Misstrauen anderer Gemeindeglieder. Sie beriefen sich für ihre Sicht der Dinge auf
Paulus, den Gemeindegründer. Andere verwie-
sen auf Petrus, der ja immerhin als Integra-
tionsfigur der ganzen Kirche galt; wieder andere
führten Christus im Munde. So entstand der Ein-
druck, dass die Gemeinde sich in vier Parteien
aufgespalten habe.

Paulus nimmt nicht gegen Apollos Stellung, er vermerkt vielmehr: „Was ist denn Apollos? Und was
ist Paulus? ... Sie sind Diener, jeder, wie der Herr
ihm gegeben hat." (3,5) Dies ist eine deutliche Kritik an den Diskussionen in Korinth: Die einander
widerstreitenden Positionen bleiben beim Äußeren stehen und verstellen den Blick für das Eigentliche. 3,21ff wird er noch deutlicher: „Daher soll
sich niemand eines Menschen rühmen. Denn alles
gehört euch: Paulus, Apollos, Kephas, Welt, Leben,
Tod, Gegenwart und Zukunft: alles gehört euch; ihr
aber gehört Christus, Christus gehört Gott." Menschen sind nur Wegzeichen, hilfreiche Begleiter,
Pflanzende und Begießende. Äußere Formen sind
nur Wege, nicht aber das Ziel. Die Besinnung auf
das eigentliche Fundament des christlichen Glaubens relativiert alle Positionen und löst auch Ver-
härtungen und Parteiungen auf.

Die Torheit des Wortes vom Kreuz (1,18-25)

(18) Denn das Wort vom Kreuz ist denen, die verloren gehen, Torheit; uns aber, die wir errettet werden, ist es Gottes Kraft. (19) Denn es steht geschrieben: „Ich werde die Weisheit der Weisen vernichten und den Verstand der Verständigen werde ich verwerfen." (20) Wo ist ein Weiser? Wo ein Schriftgelehrter? Wo ein Wortstreiter dieses Zeitalters? Hat nicht Gott die Weisheit der Welt zur Torheit gemacht? (21) Denn weil in der Weisheit Gottes die Welt durch die Weisheit Gott nicht erkannte, hat es Gott wohlgefallen, durch die Torheit der Predigt die Glaubenden zu erretten.
(22) Und weil denn Juden Zeichen fordern und Griechen Weisheit suchen, (23) predigen [wir] Christus als gekreuzigt, den Juden ein Ärgernis und den Nationen eine Torheit; (24) den Berufenen selbst aber, Juden wie Griechen, Christus, Gottes Kraft und Gottes Weisheit. (25) Denn das Törichte Gottes ist weiser als die Menschen, und das Schwache Gottes ist stärker als die Menschen.

Der Parteienstreit um die Weisheit der Worte ist für Paulus mehr als eine vorübergehende Trübung des Gemeindelebens, die sich irgendwann auch wieder bereinigen lassen wird. Für ihn ist diese Unstimmigkeit Ausdruck einer Geisteshaltung, die nicht dem Kreuz Christi und dem Evangelium, das in der Gemeinde verkündet wird, entspricht. Denn Gott hat durch das Kreuz, das in den Augen der Menschen Torheit ist, für die Menschen das Heil gesucht. Die Gemeinde aber streitet um menschliche Weisheit, statt sich dem Wort vom Kreuz anzuvertrauen. Die Weisheit, die die einen für sich reklamieren und die anderen ihnen bestreiten, geht am Wort des Evangeliums, das das Kreuz Christi in die Mitte stellt, vorbei. Denn das Kreuz bedeutet eine Umwertung aller Werte, die Verwerfung der nur menschlichen Weisheit und Kraft und die radikale Orientierung an Gottes Barmherzigkeit. Ganze vier Kapitel lang entfaltet der Apostel diese Frage. Denn wenn Gott den Weg über die Torheit des Kreuzes gegangen ist, dann ist das Heil nicht nach menschlicher Weisheit gekommen, sondern Gott hat das, was den Menschen als Torheit und Niedrigkeit gilt, zur rettenden Weisheit gemacht.

Das Thema klingt bei Paulus immer wieder an, in besonderer Weise hat er es dann im Römerbrief ausgefaltet. Hier formuliert Paulus den Gedanken aber in anderer Begrifflichkeit und redet von der „Rechtfertigung des Sünders". In 1 Kor greift Paulus wohl auch deshalb auf die Vorstellung von Weisheit und Torheit zurück, weil das Thema der Weisheit für die Apollo-Gruppe offenbar besondere Bedeutung hatte. Ihnen möchte er ins Stammbuch schreiben, dass das Wort vom Kreuz die Krise der Weisheit der Welt gebracht hat.

„... dass eure Freiheit nicht den Schwachen zum Anstoß werde" (8,4-13)

(4) Was nun das Essen von Götzenopferfleisch angeht, so wissen wir, dass es keine Götzen gibt in der Welt und keinen Gott außer dem einen. (5) Und selbst wenn es im Himmel oder auf der Erde so genannte Götter gibt – und solche Götter und Herren gibt es viele –, (6) so haben doch wir nur einen Gott, den Vater. Von ihm stammt alles, und wir leben auf ihn hin. Und einer ist der Herr: Jesus Christus. Durch ihn ist alles, und wir sind durch ihn. (7) Aber nicht alle haben die Erkenntnis. Einige, die von ihren Götzen nicht loskommen, essen das Fleisch noch als Götzenopferfleisch, und so wird ihr schwaches Gewissen befleckt. (8) Zwar kann uns keine Speise vor Gottes Gericht bringen. Wenn wir nicht essen, verlieren wir nichts, und wenn wir essen, gewinnen wir nichts. (9) Doch gebt acht, dass diese eure Freiheit nicht

den Schwachen zum Anstoß wird. (10) Wenn nämlich einer dich, der du Erkenntnis hast, im Götzentempel beim Mahl sieht, wird dann nicht sein Gewissen, da er schwach ist, verleitet, auch Götzenopferfleisch zu essen? (11) Der Schwache geht an deiner „Erkenntnis" zugrunde, er, dein Bruder, für den Christus gestorben ist. (12) Wenn ihr euch auf diese Weise gegen eure Brüder versündigt und ihr schwaches Gewissen verletzt, versündigt ihr euch gegen Christus. (13) Wenn darum eine Speise meinem Bruder zum Anstoß wird, will ich überhaupt kein Fleisch mehr essen, um meinem Bruder keinen Anstoß zu geben.

Der Fleischgenuss war in der Antike fast immer in irgendeiner Weise mit dem heidnischen Götterkult verbunden. Antike Opferfeiern mündeten zumeist in einem Mahl, bei dem Teile des geopferten Tieres verzehrt wurden. Bei großen religiösen Festen wurde bisweilen durch öffentliche Fleischverteilungen die ganze Stadt zum Opfermahl eingeladen. Aber auch Fleisch, das auf dem Markt angeboten wurde, hatte zumeist irgendeine Beziehung zum Opferkult. Denn jene Teile der Opfertiere, die beim Opfermahl nicht verzehrt wurden, kamen in den öffentlichen Verkauf.
Dies führte in der Gemeinde zu Unsicherheiten: Darf man als Christ eine Einladung zum Opfer-

mahl annehmen? Darf man Fleisch vom Markt bedenkenlos essen? In der Gemeinde von Korinth zeichneten sich gegenläufige Verhaltensweisen ab. Für die besser Situierten gehörten Einladungen zu Opfermahlzeiten zum gesellschaftlichen Leben. Die „Kleinen" in der Gemeinde lebten in der Sorge, sich durch Fleisch aus dem Tempel das göttliche Gericht zuzuziehen. So rühmten sich die einen ihrer christlichen Freiheit und die anderen empfanden es als Götzendienst, wenn einer aus der christlichen Gemeinde an einer Opfermahlzeit im Tempel teilnahm oder auch nur Opferfleisch aus dem Tempel aß.

Paulus beruhigt die allzu Ängstlichen: „Alles, was auf dem Fleischmarkt verkauft wird, das esst, ohne aus Gewissenhaftigkeit nachzuforschen ... Wenn ein Ungläubiger euch einlädt und ihr hingehen möchtet, dann esst, was euch vorgesetzt wird, ohne aus Gewissensgründen nachzuforschen." (10,25f). Damit plädierte Paulus zunächst einmal für die innere Freiheit des Christen. Freilich findet diese dort ihre Grenze, wo das eigene Verhalten andere in Schwierigkeiten bringt: „Gebt aber acht, dass diese eure Freiheit nicht den Schwachen zum Anstoß wird." (8,9) Freiheit, die den Weg der Schwester oder des Bruders aus dem Auge verliert, die nicht in

Liebe sich auch seiner hilflosen und ängstlichen
Fragen annimmt, ist für den Apostel keine wirk-
liche Freiheit, sondern eine neue Form von
Unfreiheit.

„Das ist nicht mehr die Feier
des Herrenmahles" (11,17-34)

*(20) Was ihr bei euren Zusammenkünften tut, ist
keine Feier des Herrenmahles mehr; (21) denn
jeder verzehrt sogleich seine eigenen Speisen,
und dann hungert der eine, während der andere
schon betrunken ist. (22) Könnt ihr nicht zu Hause essen und trinken? Oder verachtet ihr die Kirche Gottes? Wollt ihr jene demütigen, die nichts
haben? Was soll ich dazu sagen? Soll ich euch
etwa loben? In diesem Fall kann ich euch nicht
loben. (23) Denn ich habe vom Herrn empfangen,
was ich euch dann überliefert habe: Jesus, der
Herr, nahm in der Nacht, in der er ausgeliefert
wurde, Brot, (24) sprach das Dankgebet, brach
das Brot, und sagte: Das ist mein Leib für euch.
Tut dies zu meinem Gedächtnis! (25) Ebenso
nahm er nach dem Mahl den Kelch und sprach:
Dieser Kelch ist der Neue Bund in meinem Blut.
Tut dies, sooft ihr daraus trinkt, zu meinem Gedächtnis! (26) Denn sooft ihr von diesem Brot*

*esst und aus diesem Kelch trinkt, verkündet ihr
den Tod des Herrn, bis er kommt.
(27) Wer also unwürdig von dem Brot isst und aus
dem Kelch des Herrn trinkt, macht sich schuldig
am Leib und Blut des Herrn. (28) Jeder soll sich
selbst prüfen; erst dann soll er von dem Brot
essen und aus dem Kelch trinken. (29) Denn wer
davon isst und trinkt, ohne zu bedenken, dass es
der Leib des Herrn ist, der zieht sich das Gericht
zu, indem er isst und trinkt.*

Machen wir uns zunächst klar: Der Herrentag
war in Korinth ein normaler Arbeitstag, deshalb
trifft sich die Gemeinde erst nach Sonnenunter-
gang zum Gemeindemahl. Die Begüterten unter
den korinthischen Christen, die frei über ihre
Zeit verfügen konnten, finden sich offenbar früher ein. Sie warten nicht auf die, die wegen viel-
fältiger Verpflichtungen erst später erscheinen
können. Sie beginnen bereits mit dem Sättigungsmahl und verzehren die Speisen, die für
die ganze Gemeinde sein sollten, allein. Miteinander feiert man dann lediglich die beiden
eucharistischen Mahlgesten, die das Sättigungsmahl abschließen. Dann nämlich sind alle
anwesend. So feiern die Armen, die der Sätti-
gung beim Gemeindemahl besonders bedurft
hätten, hungrig die Eucharistie, während die, die

auf das Sättigungsmahl in der Gemeinde nicht angewiesen waren, satt und trunken sind. Dies musste zu Spannungen in der Gemeinde führen, denn es konnte nicht ohne Widerspruch bleiben, dass gerade jene Feier, die die sozialen Gegensätze überbrücken sollte, sie in solch scharfer Form herausstellte. Für Paulus ist es keine wirkliche Feier des Herrenmahles mehr, wenn man die Armen nur an einem kultischen Geschehen teilhaben lässt, sie aber vom gemeinsamen Mahl und das heißt von der tätigen Zuwendung ausschließt.

Paulus stellt der Praxis der Korinther das Tun Jesu in der Nacht, da er verraten wurde, entgegen. Denn der Bericht von Jesu letztem Abendmahl gibt nicht nur die Maßstäbe für den äußeren Vollzug des Herrenmahles an, er verdeutlicht auch den inneren Sinn des Gemeindemahls als Zeichen der Liebe Christi. Nicht nur als Kultordnung soll der Abendmahlsbericht von den Korinthern aufgenommen werden, sondern ebenso als Lebensordnung.

„Es gibt verschiedene Gaben, aber nur einen Geist." (12,1-12)

(4) Es gibt verschiedene Gnadengaben, aber nur den einen Geist. (5) Es gibt verschiedene Dienste, aber nur einen Herrn. (6) Es gibt verschiedene Kräfte, die wirken, aber nur den einen Gott: Er bewirkt alles in allen. (7) Jedem aber wird die Offenbarung des Geistes geschenkt, damit sie anderen nützt. (8) Dem einen wird vom Geist die Gabe geschenkt, Weisheit mitzuteilen, dem andern durch den gleichen Geist die Gabe, Erkenntnis zu vermitteln, (9) dem dritten im gleichen Geist Glaubenskraft, einem andern immer in dem einen Geist – die Gabe, Krankheiten zu heilen, (10) einem andern Wunderkräfte, einem andern prophetisches Reden, einem andern die Fähigkeit, die Geister zu unterscheiden, wieder einem andern verschiedene Arten von Zungenrede, einem andern schließlich die Gabe, sie zu deuten. (11) Das alles bewirkt ein und derselbe Geist; einem jeden teilt er seine besondere Gabe zu, wie er will. (12) Denn wie der Leib eine Einheit ist, doch viele Glieder hat, alle Glieder des Leibes aber, obgleich es viele sind, einen einzigen Leib bilden: so ist es auch mit Christus.

Es gibt in der Gemeinde von Korinth besondere

Geistesgaben: Erkenntnis und Weisheit, Visionen und ekstatische Erlebnisse, Formen von Prophetie und vor allem die Zungenrede, eine verzückte, weltenthobene Form der Rede im Geist.

Doch die genannten Gaben sind in der Gemeinde nicht unumstritten, weil man ähnliche Phänomene auch aus dem heidnischen Umfeld kannte. Die heidnischen Priester und Propheten traten mit außergewöhnlichen Erweisen göttlicher Macht vor das Volk, um so den Anspruch ihrer Götter zu belegen. Es war gerade für die „Kleinen" und „Ängstlichen" schwer zu verstehen, dass solche Phänomene nun auch in der christlichen Gemeinde auftraten.

Paulus beginnt seine Antwort mit einigen Hinweisen für die „Schwachen". Schon in 12,1-3 verdeutlicht er ihnen, dass man Zungenrede, Prophetie und Visionen nicht schon deshalb als unchristlich ansehen dürfe, weil sie auch in heidnischen Tempeln zu finden sind. Entscheidend ist für ihn nicht die äußere Gestalt eines Phänomens, sondern die innere Kraft, durch die es bewegt wird. Zur Unterscheidung gibt er den Korinthern ein ebenso einfaches wie einleuchtendes Kriterium in die Hand: „Keiner, der aus dem Geist Gottes redet, sagt: Jesus sei verflucht! Und keiner kann sagen: Jesus ist der Herr, wenn er nicht aus dem Heiligen Geist redet."

In 12,4-11 ändert er den Sprachgebrauch: Die Korinther reden von „Machterweisen des Geistes", Paulus spricht von „Charisma", dem Geschenk bzw. der Gabe, die aus Gottes Gnade erwächst. Freilich hat Gott diese Gabe jedem entsprechend seiner Eigenart verliehen: Dem einen als Prophetie, dem anderen als praktischen Dienst, einem als Leitungstätigkeit, einem anderen als Zungenrede, einem in der Gabe der Lehre, einem anderen in der Krankenpflege. All diese Fähigkeiten sind für Paulus nicht Besitz, der den Christen über den anderen erhebt und über den er eigenmächtig und selbstgefällig verfügen kann. Es sind Gaben, Geschenke, die allesamt aus der Hand des einen Gottes kommen. Hinter all diesen Gaben steht ein und derselbe Geist, der allen nach seinem Maß zuteilt, damit sie für das Ganze fruchtbar werden.

Damit ist den Korinthern ein Lernprogramm aufgegeben. Die ganze Gemeinde in Korinth muss lernen, auch die scheinbar unbedeutenden Fähigkeiten als Gaben des Geistes zu sehen. Dabei gilt es, gerade die verborgenen Wirkungen des Geistes zu entdecken, zu würdigen und sichtbar zu machen.

„Der Leib und die Glieder ... (12,14-27)

(14) Auch der Leib besteht nicht nur aus einem Glied, sondern aus vielen Gliedern. (15) Wenn der Fuß sagt: Ich bin keine Hand, ich gehöre nicht zum Leib!, so gehört er doch zum Leib. (16) Und wenn das Ohr sagt: Ich bin kein Auge, ich gehöre nicht zum Leib!, so gehört es doch zum Leib. (17) Wenn der ganze Leib nur Auge wäre, wo bliebe dann das Gehör? Wenn er nur Gehör wäre, wo bliebe dann der Geruchssinn? (18) Nun aber hat Gott jedes einzelne Glied so in den Leib eingefügt, wie es seiner Absicht entsprach. (19) Wären alle zusammen nur ein Glied, wo bliebe dann der Leib? (20) So aber gibt es viele Glieder und doch nur einen Leib. (21) Das Auge kann nicht zur Hand sagen: Ich bin nicht auf dich angewiesen. Der Kopf kann nicht zu den Füßen sagen: Ich brauche euch nicht. (22) Im Gegenteil, gerade die schwächer scheinenden Glieder des Leibes sind unentbehrlich. (23) Denen, die wir für weniger edel ansehen, erweisen wir um so mehr Ehre, und unseren weniger anständigen Gliedern begegnen wir mit mehr Anstand, (24) während die anständigen das nicht nötig haben. Gott aber hat den Leib so zusammengefügt, dass er dem geringsten Glied mehr Ehre zukommen ließ, (25) damit im Leib kein Zwiespalt entstehe, sondern alle Glie-

der einträchtig füreinander sorgen. (26) Wenn darum ein Glied leidet, leiden alle Glieder mit; wenn ein Glied geehrt wird, freuen sich alle anderen mit ihm. (27) Ihr aber seid der Leib Christi, und jeder einzelne ist ein Glied an ihm.

Paulus nimmt weder für noch gegen jemand Stellung, er setzt keine konkreten Anweisungen in Kraft, verbietet nicht die Vielfalt, sondern hält der Gemeinde das Bild vom Leib entgegen. Eindrücklich demonstriert er an diesem Bild, dass alle Gaben für das Ganze gegeben sind und dieses Ganze leidet, wenn einzelne Gaben nicht zum Zuge kommen oder missachtet werden. Ein Leib, der aus einem einzigen Glied bestünde, wäre eine erschreckende Missbildung. Es kann deshalb nicht angehen, dass der Fuß zur Hand sagt, weil ich nicht Hand bin, gehöre ich nicht zum Leib und umgekehrt kann das Auge nicht meinen, es bedürfe der Hand nicht. Die Kleinen können nicht sagen: Weil wir bestimmte Gaben nicht haben, gehören wir eigentlich nicht richtig zur Gemeinde. Und die Starken dürfen nicht meinen, sie bedürften der Kleinen nicht. Der Einzelne kann nicht mehr allein gewinnen, sondern immer nur die Gemeinschaft. Deshalb macht Paulus deutlich: „Ihr seid der Leib Christi, und jeder einzelne ist ein Glied an ihm" (12,27).

Diese Sicht des Apostels bringt eine völlig neue Bewertung der Geistwirkungen. Nicht mehr jene Gabe, die am außergewöhnlichsten ist und am deutlichsten die alltägliche Erfahrung übersteigt, ist die höchste Gabe, sondern jene, die dem Ganzen am meisten nützt. Der Nutzen für das Ganze ist der Ausweis dafür, ob eine Gabe vom Geiste Jesu Christi ist oder nicht. Man kann Gaben des Geistes Gottes auch veruntreuen, wenn man sie nur zur eigenen Erbauung pflegt.

„... einen Weg, höher als alle"
(12,31b-13,13)

(31b) Ich zeige euch jetzt noch einen anderen Weg, einen, der alles übersteigt:

(1) Wenn ich in den Sprachen der Menschen und Engel redete, hätte aber die Liebe nicht, wäre ich ein dröhnendes Erz oder eine lärmende Pauke.
(2) Und wenn ich prophetisch reden könnte und alle Geheimnisse wüsste
und alle Erkenntnisse hätte; wenn ich alle Glaubenskraft besäße
und Berge damit versetzen könnte, hätte aber die Liebe nicht, wäre ich nichts.
(3) Und wenn ich meine ganze Habe verschenkte,

*und wenn ich meinen Leib dem Feuer übergäbe,
hätte aber die Liebe nicht, nützte es mir nichts.*

*(4) Die Liebe ist langmütig, die Liebe ist gütig.
Sie ereifert sich nicht, sie prahlt nicht, sie bläht
sich nicht auf.
(5) Sie handelt nicht ungehörig, sucht nicht ihren
Vorteil,
lässt sich nicht zum Zorn reizen, trägt das Böse
nicht nach.
(6) Sie freut sich nicht über das Unrecht, sondern
freut sich an der Wahrheit.
(7) Sie erträgt alles, glaubt alles, hofft alles, hält
allem stand.*

*(8) Die Liebe hört niemals auf.
Prophetisches Reden hat ein Ende, Zungenrede
verstummt, Erkenntnis vergeht.
(9) Denn Stückwerk ist unser Erkennen, Stückwerk unser prophetisches Reden;
(10) wenn aber das Vollendete kommt, vergeht
alles Stückwerk.
(11) Als ich ein Kind war, redete ich wie ein Kind,
dachte wie ein Kind und urteilte wie ein Kind. Als
ich ein Mann wurde, legte ich ab, was Kind an mir
war.
(12) Jetzt schauen wir in einen Spiegel und sehen
nur rätselhafte Umrisse,*

dann aber schauen wir von Angesicht zu Angesicht.
Jetzt erkenne ich unvollkommen,
dann aber werde ich durch und durch erkennen,
so wie ich durch und durch erkannt worden bin.
(13) Für jetzt bleiben Glaube, Hoffnung, Liebe,
diese drei; doch am größten unter ihnen ist die
Liebe.

1 Kor 13 – man nennt den Abschnitt das „Hohe Lied der Liebe" – gehört zu den sprachlich schönsten und gedanklich tiefsten Texten des Neuen Testamentes. Paulus reagiert mit diesem Text auf den Streit um die höchsten Gaben in Korinth: „Wenn ich in der Sprache der Menschen und Engel redete, hätte aber die Liebe nicht, wäre ich ein dröhnendes Erz oder eine lärmende Pauke ..." All die Dinge, deren sich die Korinther so gern rühmen – Aktivität, besondere Erfahrungen, besondere Glaubenskraft –, all das ist nichtig, wenn es nicht aus der Liebe hervorgeht und von ihr getragen wird. Im zweiten Teil des Liedes versucht Paulus, die Liebe selbst zu beschreiben. Er spricht von ihr wie von einer Person, wie von einem Wesen, das alle Vollkommenheit in sich trägt. Zunächst nennt er zwei Eigenschaften, die das Alte Testament gern als Eigenschaften Gottes hervorhebt: „Die Liebe ist

langmütig, die Liebe ist gütig." (12,4a). Doch bei der weiteren Beschreibung dieses „göttlichen Weges" hat er wieder die Verhältnisse in Korinth vor Augen: „Die Liebe ereifert sich nicht, sie prahlt nicht, sie bläht sich nicht auf. Sie handelt nicht ungehörig, sucht nicht ihren Vorteil, lässt sich nicht zum Zorn reizen, trägt das Böse nicht nach." (13,4-6). Die in Korinth aufwallenden Emotionen, der Parteienstreit und die gegenseitigen Anschuldigungen werden mit der Liebe konfrontiert. Überheblichkeit hat vor dieser Kraft keinen Bestand; auch Enttäuschungen und Verbitterungen kommen nicht aus der Liebe. So stellt Paulus an den Schluss einen gewaltigen Satz über die Liebe: „Sie erträgt alles, glaubt alles, hofft alles, hält allem stand." (13,7).

Einige in Korinth meinen, in besonderen Geistesgaben und einer neuen Freiheit das, was bleibt, gefunden zu haben. Andere fragen ängstlich nach der rechten Einhaltung von Vorschriften. Paulus aber stellt allen die Kraft der Liebe entgegen. „Die Liebe hört niemals auf. Prophetische Rede hat ein Ende. Zungenrede verstummt, Erkenntnis vergeht. Denn Stückwerk ist unser Erkennen, Stückwerk unser prophetisches Reden; wenn aber das Vollendete kommt, vergeht alles Stückwerk." (13,8-9). Für die Korinther geht es deshalb darum, ihr Gemeindeleben, ihre Aktivitäten, ihre besonderen Erfahrungen festzumachen in der Liebe und sie durch sie neu beleben zu lassen. Abschließend prägt Paulus noch einmal die Deutung der Liebe in einem entscheidenden Satz: „Für jetzt bleiben Glaube, Hoffnung und Liebe, diese drei; doch am größten unter ihnen ist die Liebe." (13,13).

„Ist Christus nicht auferweckt worden, ist unser Glaube nutzlos" (15,12-28)

(12) Wenn aber verkündigt wird, dass Christus von den Toten auferweckt worden ist, wie können dann einige von euch sagen: Eine Auferstehung der Toten gibt es nicht?

(13) Wenn es keine Auferstehung der Toten gibt, ist auch Christus nicht auferweckt worden. (14) Ist aber Christus nicht auferweckt worden, dann ist unsere Verkündigung leer und euer Glaube sinnlos. (15) Wir werden dann auch als falsche Zeugen Gottes entlarvt, weil wir im Widerspruch zu Gott das Zeugnis abgelegt haben: Er hat Christus auferweckt. Er hat ihn eben nicht auferweckt, wenn Tote nicht auferweckt werden. (16) Denn wenn Tote nicht auferweckt werden, ist auch Christus nicht auferweckt worden. (17) Wenn aber Christus nicht auferweckt worden ist, dann

ist euer Glaube nutzlos, und ihr seid immer noch in euren Sünden; (18) und auch die in Christus Entschlafenen sind dann verloren. (19) Wenn wir unsere Hoffnung nur in diesem Leben auf Christus gesetzt haben, sind wir erbärmlicher daran als alle anderen Menschen. (20) Nun aber ist Christus von den Toten auferweckt worden als der Erste der Entschlafenen. (21) Da nämlich durch einen Menschen der Tod gekommen ist, kommt durch einen Menschen auch die Auferstehung der Toten. (22) Denn wie in Adam alle sterben, so werden in Christus alle lebendig gemacht werden. (23) Es gibt aber eine bestimmte Reihenfolge: Erster ist Christus; dann folgen, wenn Christus kommt, alle, die zu ihm gehören. (24) Danach kommt das Ende, wenn er jede Macht, Gewalt und Kraft vernichtet hat und seine Herrschaft Gott, dem Vater, übergibt. (25) Denn er muss herrschen, bis Gott ihm alle Feinde unter die Füße gelegt hat. (26) Der letzte Feind, der entmachtet wird, ist der Tod. (27) Sonst hätte er ihm nicht alles zu Füßen gelegt. Wenn es aber heißt, alles sei unterworfen, ist offenbar der ausgenommen, der ihm alles unterwirft. (28) Wenn ihm dann alles unterworfen ist, wird auch er, der Sohn, sich dem unterwerfen, der ihm alles unterworfen hat, damit Gott herrscht über alles und in allem.

Auch zur Frage der Auferstehung der Toten muss Paulus ausführlich Stellung nehmen. Denn in Korinth gibt es Leute, die die Auferstehung der Toten in Frage stellen. Vermutlich handelte es sich um jene Enthusiasten, denen wir schon mehrfach begegnet sind. Sie stellen offenbar nicht ein Weiterleben des Menschen nach dem Tode, wohl aber seine leibliche Auferstehung in Frage. Sie sehen nach griechischer Denkweise den Menschen als Verbindung aus Leib und Seele, die sich im Tod auflöst. Der Leib zerfällt zwar, die Seele aber ist unsterblich und wird vom Tod nicht berührt. In der Taufe – so meinen sie – hat die Seele des Menschen bereits das bleibende Leben empfangen. Die Taufe gilt ihnen deshalb als Beginn des neuen Lebens bzw. als Auferstehung zum Leben. Im Tod werde dann lediglich die Seele vom Leib „befreit" und gehe ins ewige Leben über. Der Auferstehung des Leibes bedarf es nicht, weil der Träger des Lebens allein die Seele ist.

Paulus setzt bei einem Punkt an, bei dem er sich mit den korinthischen Enthusiasten einig weiß: bei der Auferstehung Jesu Christi. Wie aber kann man sich dazu bekennen, wenn man generell die Auferstehung der Toten ablehnt? Haben sich die korinthischen Enthusiasten, als sie sich taufen ließen, nicht klar gemacht, dass das Bekenntnis zur Auferstehung Jesu Christi auch die Hoffnung

auf die allgemeine Auferweckung der Toten beinhaltet? Und machen sie sich etwa auch jetzt
noch nicht klar, dass sie mit ihrer Verdrängung
des Auferstehungsgedankens den Kern des Bekenntnisses und das Zentrum des christlichen
Glaubens treffen? Letztlich nämlich „steht das
besondere christliche Gottesbild auf dem Spiel,
denn Christen glauben an den Gott, ‚der die
Toten lebendig macht' (Röm 4,17), und ‚der
Jesus, unsern Herrn, von den Toten auferweckt
hat'" (Röm 4,24) (H.-J. Klauck).

Unerbittlich stellt der Apostel ihnen die Konse-
quenz ihres Denkens vor Augen: „Wenn wir
unsere Hoffnung nur in diesem Leben auf Christus gesetzt haben, sind wir erbärmlicher dran als
alle anderen Menschen."

Er geht aus vom Bekenntnis: Christus ist aufer-
standen „als Erstling der Entschlafenen". Das
heißt: Die Auferstehung Jesu Christi darf nicht
als isoliertes Einzelgeschehen verstanden werden, sie ist vielmehr Anfang und Grundlage eines
„Prozesses", der sich bis zur endgültigen Befreiung der Welt von unheiligen Mächten und der
uneingeschränkten Herrschaft Gottes über das
All fortsetzen wird (VV. 20-22). Eine endzeitliche
„Bewegung" hin auf die Überwindung aller To-
desmächte hat mit der Auferstehung Jesu Christi begonnen, und sie wird nicht „versanden",

bevor die Welt nicht wieder ganz dem Leben zugeführt ist. Der Apostel sieht gerade in der Hoffnung auf die Auferweckung der Toten ein Stück jener unverzichtbaren Andersartigkeit der christlichen Gemeinde gegenüber den „anderen, die keine Hoffnung haben". Das Ziel aller christlichen Erwartung ist für Paulus klar umrissen: Es ist die ewige Christusgemeinschaft. Alle anderen Elemente der Erwartung - Parusie, Auferstehung der Toten, Verwandlung der noch Lebenden, die Einholung des Kyrios - sind nur Schritte hin auf diese letzte personale Erfüllung der großen Verheißung des neuen Lebens.

„Eine Kollekte für Jerusalem" (16,1-4)

(1) Was die Geldsammlung für die Heiligen angeht, sollt auch ihr euch an das halten, was ich für die Gemeinden Galatiens angeordnet habe. (2) Jeder soll immer am ersten Tag der Woche etwas zurücklegen und so zusammensparen, was er kann. Dann sind keine Sammlungen mehr nötig, wenn ich komme. (3) Nach meiner Ankunft werde ich eure Vertrauensleute mit Briefen nach Jerusalem schicken, damit sie eure Liebesgabe überbringen. (4) Ist es der Mühe wert, dass ich selbst hinreise, dann sollen sie mit mir reisen.

Paulus bittet um Spenden für die materiell sehr schlecht gestellte Urgemeinde in Jerusalem. Diese „Kollekte" soll bedürftigen Menschen in Jerusalem helfen, aber für die paulinischen Gemeinden ein Zeichen der Verbundenheit mit den „Heiligen" (= den Christen) in Jerusalem sein. Paulus will ganz offensichtlich seinen Gemeinden auch die Hinordnung aller Gemeinden auf diesen Ort des Anfangs vor Augen führen. Würde die Spende angenommen, wäre sie – trotz aller Differenzen, die es zwischen der paulinischen Missionspraxis und der Jerusalemer Gemeinde gibt – auch ein sichtbares Zeichen der Verbundenheit im gemeinsamen Bekenntnis (vgl. Gal 2,10; Apg 11,27-30). Er bittet die Gemeinde wohl deshalb nicht darum, an einem bestimmten Tag eine Summe in die Sammlung zu geben, sondern fordert sie auf, über längere Zeit Geld zurückzulegen, damit die Sammlung wirklich ein Erfolg wird. Er hebt dabei besonders den Sonntag hervor, der als Tag der Auferstehung und des Herrenmahles in besonderer Weise die Liebe der Jünger beflügeln soll.

Der Apostel ist sich freilich nicht sicher, ob man in Jerusalem eine Spende aus „seinen" Gemeinden annehmen wird. Denn er hat eine klare Stellung bezogen, als judenchristliche Lehrer auftraten, die die Gemeinden in Galatien und in

Philippi zu Gesetz und Beschneidung führen wollten. Das ändert für ihn jedoch nichts an der Bedeutung der Jerusalemer Gemeinde. Er wird schließlich, weil er befürchtet, dass man von einem Boten aus der Gemeinde die Kollekte nicht würde entgegen nehmen, selber nach Jerusalem fahren und um der Einheit der Kirche sein Leben riskieren. Wenn auch in manchen Bereichen die Verbindungen etwas gestört sind, so soll doch die Gemeinschaft in der tätigen Liebe nicht aufgegeben werden.

Pläne und Ermahnungen (16,5-18)

(5) Ich werde zu euch kommen, wenn ich durch Mazedonien gereist bin. In Mazedonien will ich nämlich nicht bleiben, (6) aber, wenn es möglich ist, bei euch, vielleicht sogar den ganzen Winter. Wenn ich dann weiterreise, könnt ihr mir das Geleit geben. (7) Ich möchte euch diesmal nicht nur auf der Durchreise sehen; ich hoffe, einige Zeit bei euch bleiben zu können, wenn der Herr es zulässt. (8) In Ephesus will ich bis Pfingsten bleiben. (9) Denn weit und wirksam ist mir hier eine Tür geöffnet worden; doch auch an Gegnern fehlt es nicht. (10) Wenn Timotheus kommt, achtet darauf, dass ihr ihn nicht entmutigt; denn er

arbeitet im Dienst des Herrn wie ich. (11) Keiner soll ihn gering schätzen. Verabschiedet ihn dann in Frieden, damit er zu mir zurückkehrt; ich warte auf ihn mit den Brüdern. (12) Was den Bruder Apollos angeht, so habe ich ihn dringend gebeten, er möge mit den Brüdern zu euch reisen, aber er wollte auf keinen Fall jetzt gehen. Er wird kommen, wenn er eine günstige Gelegenheit findet.

(13) Seid wachsam, steht fest im Glauben, seid mutig, seid stark! (14) Alles, was ihr tut, geschehe in Liebe. (15) Ich habe noch eine Bitte, Brüder. Ihr kennt das Haus des Stephanas: Sie sind die erste Frucht Achaias und haben sich in den Dienst der Heiligen gestellt. (16) Ordnet euch ihnen unter, ebenso ihren Helfern und Mitarbeitern! (17) Es freut mich, daß Stephanas, Fortunatus und Achaikus zu mir gekommen sind; sie sind mir ein Ersatz für euch, da ihr nicht hier sein könnt. (18) Sie haben mich und euch erfreut und aufgerichtet. Verweigert solchen Männern eure Anerkennung nicht!

Der Schlussabschnitt des Briefes vermittelt einen lebendigen Einblick in die Mission des Paulus mit all ihren Problemen und Schwierigkeiten. Fernab von aller Selbstverklärung macht der Apostel hier auch die alltäglichen Mühen und

Widerstände deutlich, die die Arbeit belasten. Die Hinweise auf Mitarbeiter, Missionsvorhaben und Reisepläne zeigen etwas von der Organisation der paulinischen Mission. Es gibt keine „Zentrale", von der aus Paulus die Mission organisiert und finanziert, sondern ein Netz von Gemeinden, die geistlich und organisatorisch fest miteinander verbunden sind. Dies wird auch an den Mitarbeitern deutlich, deren Namen genannt werden. Es wird sichtbar, dass eine durch die Mission entstandene Gemeinde für den Aufbau weiterer Gemeinden Mitarbeiter und auch finanzielle Hilfen stellt. Neben den Gemeindegesandten gibt es natürlich auch ständige Mitarbeiter des Paulus. Auch Apollos, dem der Apostel offenbar in Ephesus begegnet ist, findet Erwähnung.

Grüße mit eigener Hand (16,19-24)

(19) Es grüßen euch die Gemeinden in der Provinz Asien. Aquila und Priska und ihre Hausgemeinde senden euch viele Grüße im Herrn. (20) Es grüßen euch alle Brüder. Grüßt einander mit dem heiligen Kuss!
(21) Den Gruß schreibe ich, Paulus, eigenhändig.
(22) Wer den Herrn nicht liebt, sei verflucht!

Marána tha – Unser Herr, komm! (23) Die Gnade Jesu, des Herrn, sei mit euch! (24) Meine Liebe ist mit euch allen in Christus Jesus.

Ein antiker Brief wurde normalerweise von einem Sekretär bzw. von einem Schreiber zu Papier gebracht. Es war allerdings durchaus üblich, dass der Absender zumindest den Schlussgruß eigenhändig unter das Schreiben setzte. Der Apostel belässt es freilich nicht bei einem Gruß, sondern fügt noch Mahnungen hinzu. Verwunderlich ist der schroffe Ton in V 22, der die, die den Herrn nicht lieben, verflucht. Es scheint, dass hier eine Formel anklingt, die möglicherweise der Herrenmahlfeier entstammt und zur Selbstprüfung des Menschen einladen soll. Die Gemeindeglieder sollen die Zuwendung Jesu nicht als etwas Selbstverständliches aufnehmen, sondern sich prüfen, wie sie zu dem stehen, der für sie gestorben ist. Der aramäisch aufgenommene Ruf Marána tha weist ebenfalls auf die Feier des Herrenmahles (vgl. Offb 22,20). Christen stehen, wann immer sie Eucharistie feiern, vor dem Herrn, der am Ende kommt. Der letzte Satz ist ebenfalls ein Gruß.

III. DIE PAULUSBRIEFE

Dreizehn Briefe des Neuen Testaments werden ausdrücklich mit Paulus in Verbindung gebracht: Röm, 1/2Kor, Gal, Eph, Phil, Kol, 1/2Thess, 1/2 Tim, Tit, Phlm. Nicht alle diese Briefe gehen aber direkt auf den Apostel Paulus zurück. Einige entstammen auch der „Paulusschule" und erscheinen deshalb unter dem Namen des Apostels.

Der Brief als Mittel der Mission

Die Paulusbriefe sind von der Korrespondenz des Apostels mit „seinen" Gemeinden bestimmt. Sie beschränken sich freilich nicht auf Informationen und praktische Hinweise, sondern entfalten wichtige theologische Zusammenhänge. Allesamt verstehen sie sich nicht als Privatbriefe, sondern als offizielle, von der Sendung des Apostels bestimmte Schreiben.
Für das Verständnis sind die Bedingungen des Briefschreibens in der Antike zu beachten: Man schrieb normalerweise auf Papyrus, ein aus dem Mark der Papyruspflanze hergestelltes, unserem

heutigen Papier ähnliches Schreibmaterial. Die Tinte wurde aus Wasser, Klebemitteln und Ruß angerührt; zum Auftragen der Schrift bediente man sich einer aus Rohr geschnittenen Feder. Es bedurfte freilich erheblicher Übung, um auf die trotz aller Glättungen immer noch recht fasrigen Papyrusblätter einen Text aufzubringen. Bei längeren Texten musste man sich eines geübten Schreibers bedienen. Auch der brauchte für die Ausfertigung eines Textes im Umfang des Römerbriefes, von dem sicher auch noch Kopien hergestellt wurden, nicht nur Tage, sondern Wochen. Röm 16,22 meldet sich der Schreiber mit einem Gruß zu Wort: „Es grüßt Tertius, der diesen Brief geschrieben hat."

Ein besonderes Problem war die Beförderung der Briefe. Privatleute, die sich staatlicher Beförderungslinien nicht bedienen konnten, waren darauf angewiesen, Bekannten oder Freunden, die auf Reisen gingen, ihre Briefe mitzugeben, oder eigene Boten zu schicken. Auch Paulus versendet seine Briefe auf diese Weise: über jene Mitarbeiter, die den Kontakt zu den Gemeinden halten, oder über Gemeindeglieder (vgl. etwa die Phöbe in Röm 16,1).

In der Art der Abfassung schließt sich Paulus an das gebräuchliche Briefformular seiner Zeit an. Er nennt am Anfang des Briefes den bzw. die

Absender, dann die Adressaten und schließt
diese Eröffnung mit einem Segenswunsch.
Danach folgt wie beim antiken Brief ein kurzer
Abschnitt, in dem der Schreiber die Verbundenheit mit den Adressaten zum Ausdruck bringt.
An diesen Übergang schließt der Hauptteil an,
der thematisch aufgebaut ist. Bei Paulus finden
sich dabei zunächst meist theologische Darle-
gungen; den Abschluss bilden Ermahnungen.
Abgeschlossen wird der Brief in der Antike mit
Grüßen und Wünschen.

Die Briefe des Paulus

Die direkt auf Paulus zurückgehenden Briefe – 1
Thess, 1/2 Kor, Gal; Phil; Phlm; Röm – hat der
Apostel in den Jahren 50–58 n. Chr. verfasst. Sie
sind die ältesten auf uns gekommenen Schriften
der Christenheit und bilden den Grundstock des
Neuen Testaments.

1. Thessalonicherbrief

1 Thess ist der früheste der Paulusbriefe und steht in engem Zusammenhang mit der Mission in Mazedonien und Achaia. Paulus musste Thessalonich nach kurzer Mission verlassen (1 Thess 1,6; 2,14f), schickte aber Timotheus in die Stadt, damit er die Gemeinde stärke (3,1-5). Dieser kann Paulus nach einiger Zeit in Korinth berichten, dass die Gemeinde auf einem guten Weg sei. Dies ist der Anlass des 1 Thess. Er geht aber auch auf zwei Probleme ein, die, wie er von Timotheus gehört hat, die Thessalonicher beunruhigen: das Schicksal derer, die vor der Wiederkunft des Herrn sterben, und die Frage der Erwählung.

Todesfälle hatten in der Gemeinde von Thessalonich die Frage aufgeworfen, ob die vor der Parusie Verstorbenen verloren gehen. Paulus erläutert, dass bei der Wiederkunft Christi zunächst die Toten auferweckt werden, um dann mit Christus und den noch Lebenden in die Herrlichkeit einzugehen. Die „Übriggebliebenen" werden also den schon „Entschlafenen" nichts voraushaben (4,13-18). Zugleich mahnt Paulus die Christen in Thessalonich, sich angesichts der offenen Zeit auf die Zusagen Gottes und seine Verheißung zu verlassen und so ein neues Leben zu führen (5,1-11).

Briefeingang (1,1)
Der Glauben der Thessalonicher (1,2-3,13)
Mahnung und Belehrung (4,1–5,22)
Briefschluss (5,23-28)

1. Korintherbrief

Paulus befindet sich in Ephesus, steht aber in einem regen Austausch mit der Gemeinde von Korinth. Wegen einer Reihe von strittigen Problemen hatte sich die korinthische Gemeinde mit einem Fragebrief an ihn gewandt. 1 Kor beinhaltet vor allem die Beantwortung dieser Fragen. In 7,1 verweist Paulus darauf, dass er nun beginnt die einzelnen Punkte des Fragebriefes abzuarbeiten (vgl. etwa 7,25; 8, 1.4; 12,1). Zuvor geht er auf Informationen ein, die er aus anderen Quellen erhalten hatte. So haben ihm die „Leute der Chloe" von Parteiungen und Spaltungen in der Gemeinde berichtet (1,11): Eine Gruppe strebt nach geisterfüllter Weisheit und außergewöhnlichen Erfahrungen, sie übt Zungenrede, Heilungsgebete und andere außergewöhnliche Praktiken. Sie glaubt sich deshalb über den ängstlichen und vorsichtigen Glauben der „Kleinen" in der Gemeinde erheben zu können. Paulus stellt klar: Solches Streben nach eigener

Weisheit entspricht nicht dem Kreuz Christi. Denn im Kreuz hat Gott seinen Sohn zur Torheit gemacht, um alle nur auf menschliche Selbstüberhebung setzende Weisheit zu überwinden: „Denn das Törichte an Gott ist weiser als die Menschen, und das Schwache an Gott ist stärker als die Menschen." (1 Kor 1,25)

Ausführungen zu den unterschiedlichsten Problemen schließen sich an: über Unzucht und unchristliches Verhalten in der Gemeinde, über das Essen von Fleisch, das im heidnischen Tempel geschlachtet wurde, über den rechten Vollzug des Gottesdienstes. Am Schluss schreibt Paulus ausführlich über die Auferstehung der Toten (1 Kor 15). Es gibt eine Gruppe, die sich seit der Taufe bereits als Auferstandene empfindet. Mag der Leib auch absterben, ihre Seele, die im Tod nicht stirbt, ist bereits mit der Vollendung bezeichnet. Paulus stellt dem mit Nachdruck die Vorstellung entgegen, dass das wirklich neue Leben nur durch den Tod hindurch erlangt und durch die Verwandlung des alten Menschen in der Auferstehung der Toten geschehen wird.

Brieferöffnung, Gruß an die Gemeinde und Dank (1,1-3.4-9)
1. Das Leben der Gemeinde im Lichte des Gekreuzigten (1,10-4,21)

2. Die Reinheit der Gemeinde (5,1-6,19)
3. Regeln für das Gemeindeleben (7,1-14,40)
4. Die Frage der Totenerweckung (15,1-58)
Mitteilungen und Briefschluss (16,1-24)

2. Korintherbrief

Die Auslegung steht bei 2 Kor vor großen Problemen, weil die einzelnen Abschnitte sehr unterschiedlich geprägt sind und nicht recht zusammen passen. Es wird deshalb vermutet, dass 2 Kor aus mehreren kürzeren Briefen unterschiedlichen Inhalts zusammengestellt worden ist.
1,1-2,13; 7,5-16 sprechen von einer durch Titus vermittelten Versöhnung zwischen dem Apostel und der Gemeinde in Korinth. 2,14-7,4 entfalten die Bedeutung des Aposteldienstes mit solchem Nachdruck, dass der Text wie eine Verteidigungsrede gegen Angriffe auf das Apostelamt des Paulus wirkt. In Kapitel 8-9 wirbt der Apostel für die Kollekte für Jerusalem; Kapitel 10-13 sind von scharfer Auseinandersetzung mit Gegnern bestimmt.
Die unterschiedlichen Aspekte, die in den einzelnen Abschnitten zur Sprache kommen, könnten unterschiedliche Phasen einer längeren Auseinandersetzung widerspiegeln. Man vermutet

deshalb folgenden Hintergrund der einzelnen „Briefe": Paulus stieß mit seinem Anspruch als Apostel in Korinth auch auf Kritik. Von Ephesus schrieb er deshalb einen Brief (= 2 Kor 2,14-7,4), der sein Apostelamt verteidigen sollte, aber wohl eher die Situation noch mehr verschärft hat. Als er das erfuhr, begab er sich per Schiff zu einem Kurzbesuch in die Stadt, der die Situation weiter zuspitzte: Paulus kann sich nicht durchsetzen, er wird massiv angegriffen und hat am Ende große Teile der Gemeinde gegen sich. Enttäuscht kehrt er nach Ephesus zurück und schreibt der Gemeinde einen weiteren Brief (= 2 Kor 10-13). Er bringt darin sein Unverständnis über die Korinther zum Ausdruck und sucht die Gemeinde zur Umkehr zu bewegen. Zugleich schickt er Titus nach Korinth, um klärend auf das Geschehen einzuwirken. Als Titus ihm bei seiner Rückkehr die Einsicht der Gemeinde übermittelt, schreibt er einen entsprechenden Versöhnungsbrief (= 2 Kor 1,1-2, 13; 7,5-16). Diesen sendet er ihnen durch Titus und zwei Begleiter zu und reist dann auch selber nach Korinth.

Ist diese Vermutung richtig, dann hat man später alle Schreiben dieses Konfliktes in einem Brief zusammengefasst.

Briefeingang (1,1-11)

1. Paulus und die Gemeinde (1,12-2,13)
2. Das apostolische Amt (2,14-7,4)
3. Rückkehr des Titus mit guten Nachrichten aus Korinth (7,5-16)
4. Kollekte für Jerusalem (8,1-9,15)
5. Auseinandersetzung mit Gegnern in der Gemeinde (10,1-13,10)
Briefschluss (13,11-13)

Der Galaterbrief

Paulus hatte Galatien von Ephesus aus erneut besucht und bei den Gemeinden für die Jerusalem-Kollekte geworben (vgl. 1 Kor 16,1). Er verlässt Galatien mit der Gewissheit, dass die Gemeinden im Glauben gefestigt sind und sich an der Kollekte beteiligen werden. Wieder in Ephesus, erreichen ihn freilich alarmierende Nachrichten: Andere christliche Lehrer sind nach Galatien gekommen und agitieren gegen die von ihm betriebene beschneidungsfreie Heidenmission. Sie machen geltend, dass Paulus in den galatischen Gemeinden nur den „Anfang" des Christseins begründet habe, dieser „Ansatz" aber nun durch Beschneidung, Einhaltung von Festen, Vorschriften und Gesetzen gefestigt und vollendet werden müsse.

Paulus empfindet dies als Gefährdung seines Missionswerkes und reagiert mit dem Galaterbrief, der als Zirkularschreiben an alle Gemeinden in Galatien gerichtet ist (Gal 1,2). Ohne die Beteuerungen der Verbundenheit, die seine Briefanfänge auszeichnen, geht er fast schroff sogleich auf das Problem ein. Er nennt die fremden Lehrer nicht beim Namen, markiert aber die Intentionen ihres Wirkens: Es sind Leute, die von außen kommen und die Galater verwirren (1,7; 5,10; 5,12). Sie geben sich als Missionare aus, verkünden aber ein Evangelium, das keines ist (1,6-9). Geschickt arbeiten sie, faszinieren die Galater und haben leichten Erfolg bei ihnen (4,17; 5,7; 3,1; 1,6). Ihre Forderungen sind die Werke des Gesetzes (3,2; 3,5), die Annahme der Beschneidung (5,2; 6,12f), die Beobachtung bestimmter Festzeiten. Hintergründig betreiben sie die Agitation gegen Paulus und bezweifeln sein Apostolat (1,11f). Es handelt sich also wahrscheinlich um Judenchristen, die das jüdische Gesetz auch für die Heiden verbindlich machen wollen. Paulus beschreibt sie analog zu den Falschbrüdern, die schon in Antiochia für Verwirrung gesorgt hatten, bringt sie aber nicht mit der Gemeinde in Jerusalem in Verbindung.

Thematisch ist der Brief bestimmt von Gedanken der im Tod Jesu erworbenen und dem Men-

schen durch Glauben geschenkten Gerechtigkeit. Angesichts des Heilstodes Jesu geht es
nicht mehr um Gesetzeswerke, sondern um die
Annahme dieser Gerechtigkeit und ein neues
Leben in Christus.

Briefeinleitung (1,1-5. 6-10)
1. Ursprung des Evangeliums (1,12-2,21)
2. Die Gerechtigkeit aus Glauben und die Freiheit vom Gesetz (3,1-5,12)
3. Der Mensch ist durch Christus neu beschenkt
mit Gnade und Heil (5,13-6,10)
Eigenhändiger Briefschluss (6,11-18)

Der Philipperbrief

Phil zeigt das besonders enge Verhältnis zwischen Paulus und der Gemeinde in Philippi. Nur
von dieser Gemeinde hat er finanzielle Unter-
stützungen angenommen, während er sonst
Wert darauf legte, für seinen Lebensunterhalt
selber aufzukommen (vgl. Phil 4,15f; 2 Kor 11;
Phil 4,10). Auch sonst gab es zwischen Paulus
und der Gemeinde offenbar einen regen Austausch durch Boten und Briefe (vgl. Phil 3,1).
Paulus ist in Ephesus im Gefängnis und seine
Zukunft ist offen (1,12-14). Obwohl er darauf

hofft freizukommen, kann er auch die Möglichkeit eines Todesurteils nicht ausschließen.

So lenkt er den Blick der Philipper auf den gemeinsamen Einsatz für das Evangelium: Mit einem Christushymnus weist er auf den aus der Welt Gottes kommenden Christus, der sich in das Menschsein und in den menschlichen Tod fügt und wegen dieses Hinabsteigens von Gott erhöht wird (Phil 2,5-11). Ihn stellt er den Philippern als Maßbild der rechten Haltung vor Augen; an ihm ist auch sein Leben orientiert.

In 3,2– 4,1 setzt er sich mit fremden Lehrern auseinander, die der Gemeinde ähnlich wie in Galatien eine stärkere Orientierung am Gesetz und der Beschneidung vorschreiben wollen. Die entsprechenden Passagen sind bitter und polemisch.

Die knappe Übersicht zeigt, dass der Text nicht einheitlich ist. Man zieht deshalb die Möglichkeit in Erwägung, dass auch Phil aus mehreren Brieffragmenten besteht. Es könnten drei Briefe später zu einem Brief zusammengeführt worden sein: Ein Dankschreiben (Brief A): 4,10-23, ein Brief aus der Gefangenschaft (Brief B): 1,1-3,1; 4,2-9 und ein von der Polemik gegen Irrlehrer bestimmter Text (Brief C): 3,2-4,1.8f.

Briefeingang (1,1-2)

1. Paulus und die Philipper (1,2-30)
2. Mahnungen (2,1- 30)
3. Auseinandersetzung mit Irrlehrern (3,1- 4,9)
4. Dank für die Hilfe der Philipper (4,10-2O)
Briefschluss (4,21-23)

Der Philemonbrief

Phlm ist der Begleitbrief, mit dem Paulus einen
entflohenen Sklaven, namens Onesimus, zu Philemon, seinem Herrn, zurückschickt. Onesimus
hat Paulus im Gefängnis in Ephesus aufgesucht
und war in der Folgezeit für ihn in vielerlei Weise
hilfreich; er ist zum Glauben gekommen und von
Paulus getauft worden. Nun schickt der Apostel
den Onesimus mit einem Empfehlungsschreiben
– dem Philemonbrief! – zu seinem Herrn zurück:
nicht mehr nur als Sklave, sondern als „Bruder"
und Mitglied der Gemeinde in seinem Hause.
Adressiert ist der Brief an Philemon, der als Mitarbeiter des Paulus apostrophiert ist. Zugleich
erscheinen die „Schwester Aphia", wohl die Frau
des Philemon, und Archippus, der ebenfalls als
Mitstreiter des Paulus hervorgehoben wird. Auch
die gesamte Hausgemeinde des Philemon wird
angesprochen, denn der „Fall Onesimus" geht,
da dieser nun getauft ist, auch sie etwas an.

Paulus setzt sich für die Wiederaufnahme des entflohenen Sklaven Onesimus ein und bittet, ihn in der Hausgemeinde und als „Bruder" aufzunehmen. Darüber hinaus spricht er die Möglichkeit einer generellen Freigabe des Onesimus als Missionsgehilfen an, die er zwar wünscht, aber nicht mit seiner Autorität erzwingen will.
Einleitung und Schluss zeigen beachtliche Parallelen zum Kol, die offensichtlich daher rühren, dass Kol nach dem Vorbild des Philemonbriefes gestaltet worden ist.

Briefeingang (1-7)
Fürsprache für Onesimus (8-20)
Briefschluss (21-25)

Der Römerbrief

Der Röm ist der umfänglichste und der letzte der uns erhaltenen Paulusbriefe: Der Apostel hat sein Werk im Osten abgeschlossen und plant nun in Spanien zu missionieren. Dazu braucht er sowohl materielle als auch ideelle Unterstützung und sucht diese von der Gemeinde in Rom zu bekommen. Da er weiß, dass er in manchen Gemeinden kritisch gesehen wird, verdeutlicht er der Gemeinde in Rom ausführlich sein Ver-

ständnis des Heils in Jesus Christus (vgl. Apg
20,3).

Paulus schreibt den Brief, der als eine Art theo-
logisches Testament gelten kann, im Winter
55/56 in Korinth. Er ist Gast im Hause des Gaius
und arbeitet mit Tertius, der ihm als Sekretär
bzw. Schreiber dient (16,22f), an dem umfang-
reichen Manuskript. Mit Phöbe, der Diakonin
von Kenchrea, sendet er das Schreiben nach
Rom (Röm 16,1) und erbittet für sie – und auch
für den Brief – eine gute Aufnahme. Die Gruß-
liste in Röm 16 zeigt, dass Paulus in Rom eine
Reihe wichtiger Leute kennt. Über sie sucht er
Kontakt zu der ihm ansonsten fremden Gemeinde.

Der Römerbrief entfaltet in 1,18-8,39 von unterschiedlichen Aspekten her den Gedanken der
dem Menschen aus Gnade gewährten und durch
den Tod Jesu erworbenen Gerechtigkeit Gottes.
Es ist eine Gerechtigkeit, die nicht aus der Beschneidung und nicht aus dem Gesetz kommt,
sie ist nicht vom Menschen erworben, sondern
wird ihm von Gott trotz seiner Schuld und vor
aller eigenen Leistung geschenkt. In 9,1-11,36
geht Paulus auf die Zukunft Israels ein, das ja
das Volk der Erwählung ist. In geheimnisvoll an-
mutenden Ausführungen spricht er davon, dass
die Verweigerung Israels das Einpflanzen der

Heiden in das Gottesvolk möglich gemacht hat und deren Bekehrung auch Israel wieder in das Gottesvolk wird einrücken lassen. 12,1-15,13 entfaltet praktische Konsequenzen aus dieser theologischen Vorgabe (vgl. 12,1f).

Briefeingang (1,1-7)
1. Hinführung (1,8-17)
2. Rechtfertigung aus Gnade (1,18-8,31)
3. Israel und der Heilsplan Gottes (9,1-11,36)
4. Das Leben aus der Rechtfertigung (12,1-15,13)
Briefschluss (15,14-16,27)

Die Schriften der Paulusschule

Das Jahr 70 bildet eine Zäsur im Leben der frühen Kirche: Paulus, Petrus und Jakobus sind schon in den 60er Jahren hingerichtet worden. Mit der Zerstörung Jerusalems im Jahr 70 verschwindet auch die Gemeinde von Jerusalem als Ort der Anfänge und der apostolischen Tradition. An die Stelle der Zeugen des Anfangs treten die Verkünder der zweiten und dritten Generation. In den paulinischen Gemeinden beruft man sich auch weiterhin auf Paulus und ordnet seine

Briefe. Zugleich sucht man sich der neuen Situation zu stellen und schreibt unter seinem Namen neue Texte. Das erscheint uns heute ungewöhnlich, ist aber in der Antike durchaus eine häufiger zu findende Praxis. Es geht um die Erschließung der Botschaft des Apostels in einer sich verändernden Welt.

Der 2. Thessalonicherbrief

2 Thess lehnt sich eng an 1 Thess an und stimmt teilweise mit ihm wörtlich überein. Es scheint, dass 1 Thess für unterschiedlichste eschatologische Interpretationen in Anspruch genommen wurde. 2 Thess nimmt 1 Thess auf und und arbeitet in den Text weitere Argumente und Klärungen ein. 2 Thess ist so wohl von Schülern des Paulus erstellt.

Schon 1 Thess befasst sich mit Fragen der Wiederkunft Christi als Rettung derer, die an Christus glauben – der Lebenden und der Toten. Der Brief betont freilich, dass der Zeitpunkt, an dem dies geschehen werde, nicht berechnet werden könne. Auch bei der Abfassung von 2 Thess stehen Auseinandersetzungen über die Wiederkunft Christi im Hintergrund, aber die Fragen haben sich gewandelt: Es gibt offenbar die Vorstellung, der Tag des Herrn sei schon gekommen und man brauche ihn nicht mehr zu erwarten (2 Thess 2,2). Der unbekannte Verfasser von 2 Thess benutzt 1 Thess, um in der Autorität des Paulus gegen diese Vorstellung sprechen zu können. 2 Thess 1,5-10 und 2,1-12 stellen heraus, dass das Ende noch nicht gekommen ist und den Christen noch Zeit bleibt, sich auf dieses Kommen einzustellen.

2 Thess erörtert nicht mehr, *wann* das Gericht kommt, sondern *wie* es sein wird. Während 1 Thess sich in die Gedankenwelt des Paulus einfügt, findet sich in 2 Thess ein anderes Parusieverständnis.

2 Thess 3,17 vermerkt ausdrücklich, dass der Brief echt sei. Ein solcher Hinweis war zur Zeit des Paulus nicht nötig, weil der Bote seine Echtheit bezeugen konnte. Als 2 Thess entsteht, ist die Echtheit dann doch schon ein Problem (2 Thess 2,2).

Brieferöffnung (1,1-12)
1. Der Tag des Herrn (2,1-12)
2. Mahnung und Zurechtweisung (2,15-3,12)
Briefschluss (3,14-18)

Der Kolosser- und der Epheserbrief

Die beiden Briefe weisen enge literarische Verbindungen auf. Diese deuten darauf hin, dass der Eph den Kol als Vorlage benutzt hat.

Der Kol bedient sich, anders als Paulus, einer feierlichen, liturgisch geprägten Sprache; zentrale paulinische Gedanken wie Rechtfertigung, Gesetz und Freiheit finden sich nicht. Deshalb liegt die Vermutung einer nachpaulinischen Abfassung nahe.

Beim Eph fehlt der Hinweis auf Ephesus als Bestimmungsort in den ältesten Handschriften. Offenbar handelte es sich ursprünglich um einen Rundbrief. Dafür spricht auch der Inhalt: die Einheit der Kirche. Der Stil ist nicht paulinisch, die Theologie bereits weiterentwickelt. Es zeigen sich weit reichende theologische Anklänge an Kol.

Anlass des Kol ist eine Irrlehre, die „*Philosophie*" genannt wird (Kol 2,8) und den „Weltmächten" besondere Bedeutung zumisst (vgl. 2,20). Man hat wohl eine Hierarchie geistiger Mächte vor Augen, die den Weg und das Schicksal der Menschen maßgeblich bestimmen: Das Kreuz Christi brachte zwar die Freiheit von Schuld, entband die Menschen aber nicht von der kultischen Verehrung der Weltmächte (2,13 ff.). Der Kolosserbrief setzt dem eine kosmisch bestimmte Christologie entgegen. Kol bestreitet nicht, dass es kosmische Mächte gibt. Er stellt aber heraus: Christus ist das Haupt des Ganzen und hat die Menschheit aus ihrer kosmischen Gefangenschaft befreit (1,16f; 2,15). Christus herrscht über die Mächte, die Kirche und die Welt. In der Kirche ist schon ein Stück erneuerter Schöpfung gegenwärtig, weil Christus ihr Haupt ist. Dadurch ist sie besonders ausgezeichnet.

Zwar sprechen beide Schreiben über die Kirche, zum entscheidenden Thema aber wird sie erst im Eph. Da geht es nicht mehr um Ortsgemeinden, sondern um die Kirche, die durch himmlische Macht formiert, irdisch erfahrbar und durch Christus als ihr Haupt ausgezeichnet ist. Nur im Kol und noch mehr im Eph spricht das NT in dieser Weise von der Kirche als dem Leib Christi: Sie ist ein wachsendes, von Christus erfülltes Wesen (Eph 4,15f), der „irdische Leib" des über den ganzen Kosmos herrschenden Christus. Diese „organische" Zugehörigkeit zu Christus vermittelt die Freiheit von allen Mächten. Die Kirche ist so geprägt durch die Heiligkeit Christi, sie ist frei von Makeln, weil sie aus seiner Liebe konstituiert ist. Sie rückt gewissermaßen schon in Christus hinein. Die Spannung zwischen der Geschichte und der Vollendung tritt zurück. Das Reich Gottes scheint sich bereits in der Kirche zu realisieren und ist in ihr gegenwärtig.

Freilich wird die Kirche nicht durch ihr eigenes Vermögen zusammengehalten, sondern durch Christi Liebe. Dies wird durch das Bild der Ehe ausgedrückt (Eph 5,25). Christus erscheint als Erschaffer und Erlöser der Kirche. Das Kreuzesgeschehen ist eine auf die Kirche bezogene Tat. So erscheint die Kirche als Raum des von Christus geschenkten Heils.

Kol
Briefeingang (1,1-11)
1. Christus - Gottes Heilsplan (1,12-2,23)
2. Mahnung zu einem neuen Leben (3,1-4,6)
Briefschluss (4,7-18)

Eph
Briefeingang (1,1-2)
1. Die Kirche – Geheimnis des Heils (1,3-3,14)
2. Christliche Lebensgestaltung (4,1-6,20)
Briefschluss (6,21-24)

Die Pastoralbriefe
(1/2 Timotheusbrief; Titusbrief)

1/2 Tim und Tit bilden eine Einheit: 1 Tim und Titus beinhalten die Kirchenordnung, 2 Tim präsentiert sich als pastorales Testament des Paulus. Man geht heute fast einhellig davon aus, dass diese kleine Briefsammlung erst nach dem Tod des Apostels verfasst worden ist. Die Briefe sind anders als die Schreiben, die direkt auf Paulus zurückgehen, in einer gepflegten und ruhigen Sprache verfasst. Inhaltlich nehmen sie offenbar in späterer Zeit im Namen des Paulus gegen gewisse Strömungen Stellung, die die Kirche von innen und außen gefährden.

Sie treten der von außen auf die Gemeinden einwirkenden „Gnosis" – einer dem Christentum in manchem ähnlichen Geisteshaltung der Spätantike - entgegen. Es geht um klare Abgrenzungen nach außen. Nach innen geht es um die Festigung der Kirchenordnung. Das kirchliche Amt wird stark herausgestellt (1 Tim 3,1-7; 5,17f); die Kirche wird wie ein funktionierender Haushalt betrachtet, dem der Presbyter bzw. der Episkopos (= Bischof) vorsteht. Er ordnet das Leben der Gemeinde. Deshalb wird von ihm fester Glaube, vorbildliche Lebensführung und gute Verwaltung verlangt.

Die Neuorientierung zeigt sich schon an der Adresse: Direkt auf Paulus zurückgehende Briefe sind an Gemeinden geschrieben, nie an Privatpersonen (selbst Phlm nicht!). Die Pastoralbriefe dagegen sind an Amtsträger gerichtet.

In Tit 2,1 erscheint der Begriff der „gesunden Lehre". 2 Tim 3,14 fordert auf, bei dem zu bleiben, was man gelernt hat, weil man weiß, von wem man es gelernt hat. Glaube ist nun zunächst und vor allem Orthodoxie. 1 Tim 2,1f fordert auf, für die zu beten, die regieren, damit ein ruhiges, sicheres, ethisch hoch stehendes Leben möglich ist.

Martin Dibelius bezeichnete die Sicht der Pastoralbriefe als "christliche Bürgerlichkeit". Es geht nicht um hohe Theologie, sondern um das praktische Leben in dieser Welt. Der Christ soll vor den Augen der Gesellschaft als geachtetes Glied bestehen können. Die Gnade Gottes ist erschienen, damit die Gemeinde fähig wird, dieses Zeugnis zu leisten (Tit 2,11).

Die Differenz zu Paulus ist deutlich. Die Texte sind nicht mehr vom Aufbruch und der Erfahrung eines neuen Lebens bestimmt, sondern von der Bewahrung der Gemeinde. Das Mühen um deren Stabilität hat den Vorrang.

Die Pastoralbriefe sind so eine bedachte, praxisorientierte, reflektierte Hilfe, die die Kirche in der neuen Zeit braucht.

1 Tim
Briefeingang (1,1-2)
1. Der Auftrag des Timotheus (1.2-20)
2. Die rechte Ordnung in den Gemeinden (2,1-
6,19)
Briefschluss (6,20f)

2 Tim
Briefeingang (1,1-5)
1. Anweisung an Timotheus (1,6-4,8)
2. Persönliche Mitteilungen und Aufträge
(4,9-18)
Briefschluss (4,19-22)

Titus
Briefeingang (1,1-4)
1. Die Aufgaben des Titus (1,5-3,11)
2. Die Ordnung in der Gemeinde (2,1-2,11)
Briefschluss (3,12)

IV. ANHANG

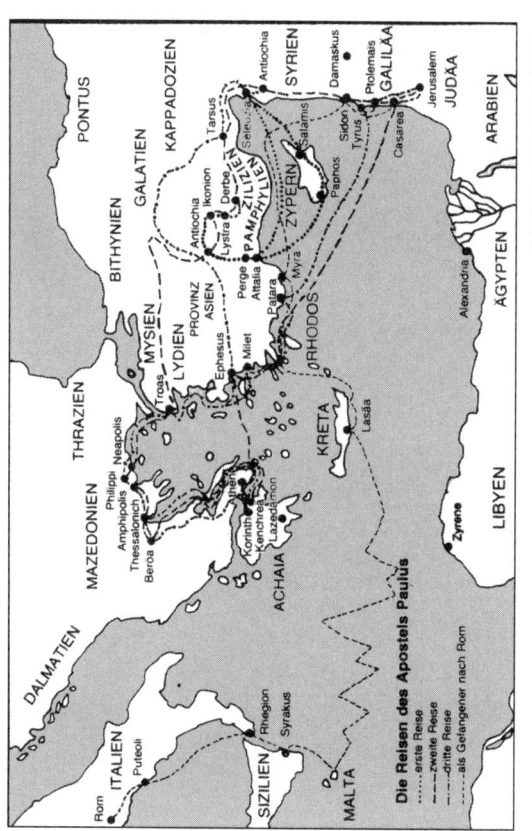

Die Reisen des Apostels Paulus

Zeittafel

um 0 (?)	Paulus in Tarsus geboren
30	Tod Jesu in Jerusalem
	Osterereignisse
	Erste Gemeinde in Jerusalem
33/34	Christophanie des Paulus in Damaskus
	Nabatäermission
35	Besuch in Jerusalem
35-?	Tarsus
?	Lehrer in Antiochien
?	Missionsreise mit Barnabas (1. Missionsreise)
48/49	Jerusalemer Konvent
48/49	Antiochenischer Zwischenfall
50-52	Paulus in Korinth (2. Missionsreise)
52-55	Paulus in Ephesus (3. Missionsreise)
55/56	Sammlung der Kollekte, letzter Aufenthalt in Korinth
56	Jerusalem
56-59	Haft in Cäsarea
59-62	Haft in Rom
um 62	in Rom hingerichtet